Tsunetomo Yamamoto
Hagakure II

Zu diesem Buch

»Bei allem, was man tut, kommt es auf den richtigen Zeitpunkt und den richtigen Rhythmus an«, schrieb Yamamoto vor dreihundert Jahren. Ein Grundsatz, der wie aus einem Leitfaden für modernes Management klingt und doch aus dem dreihundert Jahre alten »Hagakure« (»Hinter den Blättern«), dem Ehrenkodex für Samurais, stammt. Er spielt eine eindrucksvolle Hauptrolle in Jim Jarmuschs jüngstem Film »Ghost Dog« und vermittelt in klaren und einfachen Kapiteln Wahrheiten, die noch immer gültig und anwendbar sind. Ähnlich wie Machiavellis »Der Fürst« oder Sunzis »Die Kunst des Krieges« leitet er zu strategischem Handeln an und ist als eine Art Bewußtseinstraining zu lesen. Ein ganz besonderer Wegweiser in der heutigen Welt und die Fortsetzung des erfolgreichen Bandes »Hagakure«.

Tsunetomo Yamamoto wurde 1659 in Saga in Japan geboren. Nach einer Karriere als Samurai wurde er Zen-Mönch, weil ihm nach dem Tod seines Fürsten der rituelle Selbstmord durch einen Erlaß seines Herrn verboten war. Er diktierte »Hagakure« zwischen 1710 und 1716 dem Schreiber Tashiro Tsuramoto.

Tsunetomo Yamamoto
Hagakure II
Der Weg des Samurai

Herausgegeben und aus dem Englischen von
Guido Keller

Piper München Zürich

Dieses Buch enthält eine Auswahl aus *Hagakure*, von
Takao Mukoh aus dem Japanischen ins Englische
übersetzt, und eine Auswahl aus *Budô shoshinshû* von Daidôji Yûzan.

Von Tsunetomo Yamamoto liegt in der Serie Piper außerdem vor:
Hagakure (3281)

Deutsche Erstausgabe
Juli 2001
© 2001 Piper Verlag GmbH, München
Umschlag: Büro Hamburg
Stefanie Oberbeck, Isabel Bünermann
Umschlagabbildung: Matsuya / John Grafton,
Dover Publications Inc.
Gesamtherstellung: Clausen & Bosse, Leck
Printed in Germany   ISBN 3-492-23349-X

Inhalt

Vorwort 7

Aus dem ersten Buch 11
Aus dem zweiten Buch 37
Aus dem dritten Buch 47
Aus dem vierten Buch 49
Aus dem fünften Buch 53
Aus dem sechsten Buch 55
Aus dem achten Buch 57
Aus dem zehnten Buch 67
Aus dem elften Buch 69
Aus dem Budô shoshinshû 75

Nachwort 149
Anmerkungen 173
Zeittafel 179

Vorwort

»Very hot. Japanese summer will be very, very hot.« Agnes Chieko, die katholische Frau von Takao Mukoh, dem Übersetzer des *Hagakure,* hatte mich gewarnt. Die beiden Wochen, die ich im Sommer 2000 in Japan verbrachte, waren die schweißtreibendsten meines Lebens. Überall Hitzerekorde. Kaum den Hotelzimmern entwichen, klebte mir schon mein T-Shirt naß am Körper. Doch ich hatte eine Mission. Takao Mukoh zu überzeugen, noch mehr Stellen aus dem Samurai-Klassiker ins Englische zu übersetzen, der inzwischen weltweit eine Wiedergeburt erlebte. Als ich ihm und seiner Frau in deren Wochenendhaus gegenübersaß, beschlichen mich Zweifel. Seine ernste Erkrankung glich der meines Vaters, weshalb ich es kaum fertigbrachte, dem über siebzigjährigen und freilich immer noch berufstätigen ehemaligen Professor vom Vorhaben zu erzählen, die erste deutsche Ausgabe des *Hagakure* fortzuführen. Nun, bloß ein paar Monate später, sind alle seine Neuübersetzungen in dem für ihn typischen Englisch, das von einer gewissen Vornehmheit wie Begeisterung zeugt, durch mein Fax gerattert. Ich muß gestehen, die unbekannten Zeilen in den Händen zu halten erfüllte mich mit Aufregung. Die Übersetzung ins Deutsche war spannend wie beim ersten Teil, die Auswahl der Stellen genau nach meinem Geschmack, immer wieder gab es sogar Grund zum Lachen, zum Beispiel beim Lesen der Anekdote vom kreisenden Gefäß.

Gelegentlich hatte ich auf meiner Reise festgestellt, daß man in Japan das *Hagakure* weniger kannte als das *Budô shoshinshû*, die klassischere und offiziell als Lehrbuch übermittelte Samurai-Bibel. Sie behandelt ganz ähnliche Themen wie das *Hagakure* und wird darum im zweiten Teil dieses Buches vorgestellt. Wo das *Hagakure* buddhistisch anmutet und vom Zen-Geist durchwirkt ist, ist das *Budô shoshinshû* eher konfuzianisch-ernst. Neulich überraschte mich der Brief einer Studentin aus Osaka, die im dortigen Stadtmuseum, einer Touristenattraktion, einen freiwilligen Hilfsdienst absolviert hatte: »Nachdem wir uns gesprochen hatten, war ich verärgert, das *Hagakure* all die Jahre nicht gekannt zu haben. Also besorgte ich mir eine Ausgabe in der Bibliothek. Großartig! Es enthält *monjo,* das heißt lernenswerte Dinge. Ich denke, früher einmal muß es eine Gesellschaft gegeben haben, die sehr kultivierte menschliche Beziehungen pflegte. Nun bin ich ein wenig beschämt, nicht schon früher das *Hagakure* gelesen zu haben.«

Die Sorgfalt, mit der Takao Mukoh weiterübersetzte, mag an seiner Bitte ermessen werden, eine Fußnote aus der ersten deutschen Fassung des *Hagakure* (Piper Verlag, München 2000) zu ändern. Dort geht es um die Praxis des *matanuki,* das Mukoh folgendermaßen erklärt: »Wörtlich bedeutet es, den Oberschenkel zu durchstoßen. Es handelt sich um ein geheimes Ritual junger Samurai, die noch nicht im Gefolgsdienst standen. Sie saßen im Kreis, und jeder von ihnen stach seinem Nebenmann zur Rechten mit einem Stilett oder Kurzschwert in den Oberschenkel. Während Ältere ihnen dabei zuschauten, durften die jungen Samurai trotz großer Schmerzen keinen Laut von sich geben. Die Wunde hinterließ eine sichtbare Narbe im linken Oberschenkel. Wer keine Narbe hatte, wurde als Feigling angesehen und für unwürdig erachtet, ein Samurai genannt zu werden. Diese Übung kann man mit der vergleichen, die nach Duellen von Rittern westlicher Länder zu häßlichen Narben in deren Gesichtern führte.«

Ich denke, im Fehlen von Initiationsritualen für junge Männer in Industrienationen liegt der Hunger nach solchen Geschichten, wie sie das *Hagakure* erzählt.

Die Philosophie des Hagakure entspricht einer Haltung, die von unserem heutigen Pragmatismus und Materialismus weit entfernt ist. Sie ist vielmehr sehr intuitiv und besagt, daß der Mensch allein durch seine Konzentration und seinen Willen jedes Ziel erreichen kann.

Freilich kann es nicht ausbleiben, daß das Gedankengut dieses Ratgebers für mutige und bedürfnislose Gefolgsleute in unserer westlichen Welt auch in Strategiebüchern für rein profitorientierte und machtbesessene Führungskräfte verarbeitet wird. Freuen Sie sich mit mir, *Hagakure II*, die Fortsetzung von *Hagakure*, in den Händen zu halten. Mein Dank gilt Hiroaki Sato, der mir über Nacht wertvolle Ergänzungen e-mailte, und der Lektorin Michaela Kenklies, die sich beim Piper Verlag für diese authentische Übersetzung stark gemacht hat.

Guido Keller

Aus dem ersten Buch

Die Absichten anderer erkennen

Man sagt: »Wenn du die Absichten der anderen erkennen willst, werde krank!« Wer in gewöhnlichen Zeiten mit anderen vertraut umgeht, sich dann aber plötzlich bei Schwierigkeiten von ihnen distanziert, ist verachtenswert. Man nennt ihn einen Samurai mit Hühnerherz. Wenn sein Freund krank oder in persönlichen Nöten ist, muß ein Samurai ihn aus Zuneigung unterstützen, nach seinem Befinden fragen, Geschenke überbringen lassen und auch heimlich helfen. Jemand sollte niemals in seinem Leben sich von einer Person abwenden, der er moralisch verpflichtet ist. All diese Dinge werfen ein Licht auf das wahre Herz eines Mannes. Es gibt viele, die sich bei Problemen stark auf andere verlassen und, sind die Schwierigkeiten vorüber, die Freundlichkeit und Hilfe der anderen glatt vergessen.

Entschlußkraft strahlt aus

Solange jemand seine tiefsitzende Bereitschaft zur Tugend wachhält, wird er zweifellos als erster für eine schwierige Aufgabe bei einem Notfall ausgewählt. Diese Bereitschaft offenbart sich im täglichen Benehmen und der Art zu sprechen. Von höchster Bedeutung sind beiläufige Bemerkungen. Dabei sollte man nicht sein Herz ausschütten. Entschlußkraft wird durch das Verhalten im Alltag offensichtlich.

Ein Mann weniger Worte

Im Dienst hielt mich meine feste Hingabe an die Pflichten davon ab, bei der Arbeit oder zu Hause nachlässig zu werden. Ich bemühte mich, meinen Mund zu halten und dann, wenn eine Angelegenheit nicht mit verschlossenen Lippen bereinigt werden konnte, nur ein Wort statt zehn zu äußern. Yamazaki[1] Kurando war auch von dieser Art.

Bedenke stets den Weg des Samurai

Ein Gefolgsmann muß stets den Weg des Samurai im Auge behalten, doch die meisten achten nicht darauf. Man erkennt es, wenn man sie fragt: »Was sind die wichtigsten Dinge auf dem Weg des Samurai?« Nur wenige können darauf antworten, weil sie die grundlegende Wahrheit nicht erkannt haben.

Mach dir nichts aus Verlust

Das Haus eines Samurai[2] wurde von einem anderen begehrt. Der Clan ordnete an, daß er es für diesen räumen müsse. Während er nach einer neuen Bleibe suchte, erzählte ihm der andere, daß er dessen Haus nun doch nicht mehr bräuchte. Da beschwerte sich der erste wütend, woraufhin sich der andere entschuldigte und zum Ausgleich für die Umstände Geld anbot.

Diese Geschichte ist jedoch lachhaft. Im allgemeinen fühlt sich jemand in einer solchen Situation hinters Licht geführt, doch er irrt. Denn der Ärger entstammt finanziellen Interessen. Das Herz jenes Samurai war beschmutzt. Er besaß die Frechheit, unflätige Worte in Gegenwart der Clan-Ältesten zu gebrauchen. Außerdem schwächte das Geld, das er annahm, jedes seiner Argumente und behinderte ihn auch für die Zukunft. Rechtsstreits, Beschwerden und Unzufriedenheit basieren stets auf finanziellen Dingen. Wenn es jemandem nichts ausmacht, Geld zu verlieren, gibt es keinen Grund für eine Konfrontation. Solch ein Verlust ist nicht unehrenhaft. Ein Mann von geringer Weisheit kann das nicht erkennen.

Senilität

Ein gewisser Gefolgsmann, der offensichtlich senil war, wurde in die Häuser anderer Samurai eingeladen. Dort sprach er in einer Art und Weise, die die mentale Einstellung der Zuhörer positiv stärkte. In den vergangenen Jahren hatte er nur im Sinn, was anderen nutzen konnte, weil er sich immer noch ganz und gar seinem Dienst für den Clan hingab. Damit trug er wesentlich zum Geist des Dienstes bei. Ein seniler Mann neigt dazu, von dem besessen zu sein, worin er gut war. Ein »Dienstseniler« bringt anderen Nutzen, während normalerweise Senilität gefährlich ist. Ältere Männer, die sich nicht beiläufig einmischen, sind jedoch besser.

Der Fünfundzwanzig-Tage-Mann

Nakano Kazuma[3] empfahl bei der Verhörung von Verdächtigen stets eine um eine Stufe niedrigere Strafe als üblich. Bei einem Treffen verschiedener Clan-Beamter wagte niemand etwas zu sagen, bis Kazuma seine Meinung geäußert hatte. Er wurde als der »Öffner« und der »Fünfundzwanzig-Tage-Mann«[4] bekannt.

Die Gesellschaft ist voll von Bösem

Ein Gefolgsmann, der wohlhabend ist, hat einen Nachteil. Wer arm ist, ist dagegen frei von Anfeindungen.
Ein Gefolgsmann kann nicht umhin, die Fehler anderer im Dienst zu bemerken. Solange er sich selbst jedoch nicht sagt, daß die Gesellschaft nun einmal voll von Bösem steckt, wird sein grimmiger Gesichtsausdruck die anderen nur davon abhalten, ihn zu akzeptieren. So kann er trotz eines guten Charakters nicht als vertrauenswürdiger Gefolgsmann dienen.

Verhalten, das einem gut ansteht

Jemand sagte einmal: »Soundso ist ein zuverlässiger Kamerad. Er setzte sich entschlossen gegen einen seiner Vorgesetzten durch.« Doch solches Verhalten widerspricht seiner Position. Er wollte andere nur reden hören: »Das ist wahrlich ein Samurai!« Dies beweist seinen nichtswürdigen Charakter. Er ist unreif. Denn ein Samurai wird bewundernswert, wenn er sich zuallererst höflich und respektvoll benimmt.

Gute Laune kehrt zurück

Ein gewisser Samurai, der adoptiert worden war, konnte nicht die Zuneigung seines Adoptivvaters gewinnen. Der Vater, nach Jahren voller Krankheit aufs äußerste gereizt, schlug den Sohn häufig, bis dieser es nicht mehr aushielt und das Haus verlassen wollte. Da kam seine Adoptivmutter bei mir vorbei und klagte weinend: »All das ist so ärgerlich. Bitte ermahnt den Vater, ungeachtet der eigenen Krankheit geduldiger mit dem Sohn zu sein.« Als ich ihr Ansinnen zuerst ablehnte, weinte sie noch mehr und bat mich noch inständiger um meine Hilfe, so daß ich schließlich einwilligte und sagte: »Statt den kranken Vater zu ermahnen, müssen wir den umgekehrten Weg gehen. Schickt den Sohn zu mir.« So verließ sie mich, ohne von meiner Idee überzeugt zu sein.

Als der Sohn kam, erzählte ich ihm: »Zuerst mußt du erkennen, daß es ein außerordentliches Glück darstellt, auf der Erde als Mensch geboren zu sein. Weiterhin hat sich dein langgehegter Wunsch erfüllt, Gefolgsmann dieses großen Lehnswesens zu werden, und nicht Bauer oder Händler. Man muß den Sternen danken, das Erbe des väterlichen Clans antreten zu dürfen. Du bist sogar als jüngster Sohn zur Welt gekommen und der Herr über eine andere Familie. Wenn du alles aufgäbest und ein Laiensamurai ohne Clan würdest, wärest du deinem Fürsten gegenüber untreu. Wenn dich dein Adoptivvater wegen deines Benehmens ablehnen muß, bist du wirklich respektlos ihm gegenüber. Wer seinem Fürsten und seiner Familie den Rücken zukehrt, findet in dieser weiten Welt keinen Platz mehr zum Leben. Geh nach Hause und denke darüber nach. Loyalität und Sohnespflicht bringen dir die Liebe deines Vaters. Hilf ihm, seine gute Laune wiederzufinden. Bete vom Grunde deines Herzens zu deinem Schutzpatron: ›Mögen mein Aussehen und alle anderen Dinge ihm gefallen!‹ Das geschieht nicht um deinetwillen, sondern aus Loyalität und Sohnespflicht. So werden deine inständigen Wünsche sich ins Bewußtsein deines Vaters übertragen. Kehre heim, und du wirst deinen Vater bei Laune finden. Dies ist der mystische Weg jener Dinge, die Himmel, Erde und Menschen übersteigen. Weil dein Vater all die Zeit krank war, könnte sein Ende nahe sein. Deine Sohnespflicht kannst du ihm dann nicht mehr lange erweisen; sie sollte dir daher leichtfallen, selbst wenn du dafür auf Händen gehen müßtest.«

Der junge Mann war zu Tränen gerührt. »Deine Lektion ist auf den Grund meines Bewußtseins vorgedrungen«, sprach er und ging heim. Später hörte ich, daß sein Adoptivvater nach einem kurzen Blick auf ihn äußerte: »Dank einer Ermahnung an dich hat sich dein Verhalten verbessert.« So kehrte seine gute Stimmung zurück.

Welch ein Wunder! Es liegt jenseits der menschlichen Vernunft.

Der Sohn besuchte mich später einmal und dankte mir: »Aufgrund deiner überlegten Zurechtweisung wurden meine Loyalität und Sohnespflicht gerettet.«

Wenn jemand für den wirklichen Weg des Lebens betet, werden seine Wünsche sicher wahr werden. Seine Gebete können Himmel und Erde bewegen. Betet jemand verzweifelt und vergießt blutige Tränen, werden seine Gebete erhört und von seinem Schutzengel erfüllt. Das glaube ich.

Zeige deine Tiefe

Nehmen wir an, der Fürst erteilt einem Gefolgsmann bei einer Audienz einen Auftrag, ob nun angenehmen Inhaltes oder nicht. Wenn der Gefolgsmann sich wortlos zurückzieht, wirkt er verloren. Er sollte daher den Auftrag des Fürsten bestätigen und dabei auf angemessene Weise sprechen. Darauf sollte er stets vorbereitet sein. Wenn der Fürst ihm einen wichtigen Posten anvertraut, verraten Freude und Dünkel auf dem Gesicht des Samurai seine Einstellung. Ich habe den unwürdigen Anblick solcher Männer oft erfahren. Ein Mann, der seinen ungeschickten und sorglosen Charakter kennt, würde bei einer solchen Gelegenheit am besten antworten: »Solch ein wichtiger Auftrag, und ausgerechnet an mich vergeben – das verwirrt mich. Wie kann ich ihn erfüllen? Darüber bin ich sehr besorgt.« Dieses Denken zeigte sich dann auf seinem Gesicht und würde ihn dem Fürsten als tiefsinniger Mann erscheinen lassen. Ein Mann, der in vergleichbarer Situation unbedacht mit loser Zunge redet, mag als unreif und zu Fehlern verdammt erscheinen.

Sei kein Bettler

Manchmal spricht jemand von etwas, das er dringend benötigt und das ihm dann von einem Zuhörer bewilligt wird. Wenn das wiederholt geschieht, ist es verachtenswert. Es ist am besten, das, was man braucht, gar nicht zu erwähnen und auch nicht darum zu bitten.

Unterhaltungskünste

Alle Unterhaltungskünste kommen einem gut zustatten, solange man sie als Mittel nutzt, dem Weg des Samurai zu folgen und seinem Fürsten zu dienen. Solche Unterhaltungskünste werden ihm dann nahegebracht und machen ihn vielleicht sogar zu einem Experten darin. Akademische Studien sind hingegen gefährlich.

Dünkel zeigen sich von selbst

Ein gewisser Samurai strengte sich sehr in seinem Dienst an. In meinen Augen hatte er sich eine anständige Belohnung vom Fürsten verdient. Dann wurde er zu einer

Audienz vor den Fürsten gebeten, und die Menschen gratulierten ihm schon vorher. Wie sich herausstellte, wurde sein Lohn erhöht, allerdings weitaus weniger als erwartet. Dennoch beglückwünschten ihn alle dazu, er aber sah unzufrieden aus und sagte: »Ich habe mein Gesicht verloren. Es geschah, weil ich in meinem Dienst nicht nützlich genug war. Ich möchte am liebsten auf die Lohnerhöhung verzichten.« Das führte dazu, daß ihn seine Freunde trösteten.

Dieser Samurai war nicht entschlossen genug, dem Fürsten zu dienen, und handelte aufgrund seines Dünkels. Wenn man vom Samurai zum Fußsoldaten degradiert oder zum *seppuku*[5] verurteilt wird, ohne einen Fehler begangen zu haben, sollte man doch den Befehl des Fürsten mutig annehmen. Das steht einem Gefolgsmann gut an, dessen Familie in diesem Clan seit Generationen dient. Der Samurai, der sprach: »Ich habe mein Gesicht verloren«, dachte nur an sich selbst. Ein Mann, der ein wahrer Samurai genannt werden will, muß anders handeln.

Fürchte kein Versagen

Ein Gefolgsmann, der seinen Posten für gefährlich hält, ist ein Feigling. Jeder macht einmal Fehler, ob im Dienst oder privat. Deshalb sollte man sich stets fragen: »Wie kann ich unbeholfener Mann im Dienst überleben?«

Das Wort eines Samurai

Als Moro'oka Hikoza'emon wieder zum Dienst verpflichtet wurde, erklärte ihm der Fürst, was er zu tun und zu lassen habe. Auf den Befehl des Fürsten hin, sein Versprechen im Namen der Götter[6] niederzuschreiben, entgegnete Hikoza'emon jedoch: »Die mündliche Zusage eines Samurai ist unabänderlich. Selbst Buddha und die Götter können nicht soweit gehen.« Da betrachtete der Fürst die Sache als erledigt. Hikoza'emon war zu dieser Zeit gerade sechzehn Jahre alt.

Ungewöhnliche kosmische Phänomene

Ein ungewöhnliches kosmisches Phänomen als bedrohlich und unheilbringend anzusehen ist absurd. Sonne und Mond zur gleichen Zeit, Kometen, Wolken, die wie eine Prozession von Kriegsflaggen wirken, Blitze, Schnee im Juni[7], Donner im Dezember[8] – diese Dinge tauchen alle fünfzig oder hundert Jahre einmal auf. Das liegt an den dualistischen Kräften des Kosmos. Nur wenn der Sonnenaufgang im Osten und der Sonnenuntergang im Westen ungewöhnlich wären, könnte man auch die anderen Dinge unheilvoll nennen.

Wenn wir außergewöhnliche Veränderungen am Himmel oder auf Erden bemerken, taucht manchmal tatsächlich Böses in dieser Welt auf. Das geschieht, weil zum Beispiel flaggenförmige Wolken unsere ängstlichen Gemüter so einschüchtern, als würde etwas gar Schreckliches bevorstehen, und wir dann darauf warten. Solch eine Geisteshaltung verursacht erst schlimme Ereignisse. Es hängt nur von der eigenen Sicht auf die Dinge ab, wie sie sich entwickeln.

Frei von Leiden

Die eigene Krankheit wird noch schlimmer, wenn es dem Gemüt schlechtgeht. Ich wurde geboren, als mein Vater schon siebzig Jahre alt war, und sah aus, als wäre ich im Schatten getrocknet worden, doch eines Tages beschloß ich, mein Leben zu vervollkommnen. Danach blieb ich von Krankheiten verschont, enthielt mich der körperlichen Lust und vollzog jeden Tag Moxabehandlungen. Dieses Leben hat mich sicher verändert. Man sagt: »Eine Schlange kehrt ins Leben zurück, selbst wenn sie schon sieben Mal wiedergeboren wurde.« Ich hegte schon lange den Wunsch, sieben Mal als Gefolgsmann dieses Clans wiedergeboren zu werden.

Kritik gebiert Ärger

Ein scharfsinniger Mann, der gern aktuelle Entwicklungen kritisiert und verhöhnt, bringt Unglück über sich. Wer seine Worte mit Bedacht wählt, wird in Friedenszeiten als nützlich angesehen und ist vor Strafe sicher; in Zeiten der Unruhe bleibt ihm die Exekution erspart.

Einspruch erheben

Wenn du den Fürsten kritisierst, muß das taktvoll geschehen. Alles so zu arrangieren, daß der Fürst perfekt dasteht, schadet dem Fürsten, weil er dann nichts mehr hat, worüber er selbst nachdenken müßte. Rauher und kompromißloser Widerstand dagegen führt nur zu erhitzten Debatten.

Nur aus selbstsüchtigen Motiven arbeiten

Ein Gefolgsmann, der nur zu seinem eigenen Vorteil arbeitet, indem er einen Posten wählt, den er mag und der dem Temperament des Fürsten und seiner Vorgesetzten entgegenkommt, mag zehnmal damit Erfolg haben. Wenn er aber nur einmal im Dienst versagt, ruiniert er sich selbst und endet schmachvoll. Denn seine Loyalität ist nicht gefestigt und wird von Gier und Bosheit getrieben.

Zeige im Falle deines Todes auf den Feind

Auf dem Schlachtfeld denke nur: »Niemand soll mich bei diesem Angriff besiegen.« Wenn jemand sich wünscht, in die Feindeslinien zu preschen und sie in Stücke zu reißen, wird sein Wille groß sein und zu mutigem Kampf führen. Auch muß man dafür Sorge tragen, im Falle des eigenen Todes in Richtung des Feindes zu liegen.

Jenseits der Vierzig

Ryutaiji[9] erzählte mir, daß im Kansai-Gebiet ein Wahrsager ihm einst offenbarte: »Es ist selbst für Mönche nutzlos, in der Welt aufzusteigen, bevor sie vierzig Jahre alt sind. Solch ein Aufstieg würde nur Fehler ermöglichen. Selbst Konfuzius sagte: ›Wenn ein Mann vierzig wird, sollte er nicht mehr schwanken.‹ Mit vierzig haben sowohl Weise wie auch Einfältige Einsicht ins Leben erlangt.«

Sei Untergebenen gegenüber aufmerksam

Ein Samurai in hoher Stellung, zum Beispiel Gruppenkommandeur, sollte seinen Männern gegenüber freundlich sein. Nakano Kazuma Toshiaki[10], der einen hohen Posten innehatte, verschwendete keine Zeit und nahm seine Untergebenen normalerweise gar nicht in Anspruch. Wenn jedoch einer seiner Untergebenen krank zu Bette lag oder wegen persönlicher Probleme fehlte, besuchte ihn Kazuma täglich auf seinem Nachhauseweg, um sich nach seinem Befinden zu erkundigen. Das brachte Kazuma den Respekt und die Bewunderung seiner ganzen Truppe ein.

Kämpfe, sogar verzweifelt und blind

Wenn es dazu kommt, einen anderen zu erschlagen, dann stelle keine rationellen Überlegungen an wie: »Wenn ich direkt auf ihn zugehe, wird es schwer sein, ihn zu töten. Ich werde einen Umweg benutzen, auch wenn der Zeit kostet.« So etwas vernichtet den rechten Zeitpunkt, schwächt deine Entschlußkraft und endet wahrscheinlich damit, daß du den Gegner gar nicht erschlägst. Der Weg des Samurai erfordert sogar, daß du verzweifelt und blind voranpreschst.

Vorschrift gegen das *seppuku* *

Die Vorschrift gegen das seppuku *eines Gefolgsmannes infolge des Todes des eigenen Herren wurde 1661 eingeführt, als bekannt wurde, daß nach dem Ableben Yamagi Naohiros aus dem Nabeshima-Clan sechsunddreißig seiner Gefolgsleute Selbstmord begehen wollten. Mitsushige, der als Fürst des Clans damals gerade neunundzwanzig Jahre alt war, erfuhr davon und ließ den sechsunddreißig Gefolgsleuten folgende Nachricht zukommen:*
»Unser Fürst [Mitsushige] hat vernommen, daß ihr Männer, eingedenk der Wohltaten eures Herren, beschlossen habt, ihm in den Tod zu folgen. Er betrachtet diesen

---

* Die folgenden Auszüge aus dem ersten Kapitel wurden von Hiroaki Sato aus dem Japanischen ins Englische übersetzt und mit Erläuterungen versehen; nicht kursiv sind die Textstellen aus dem Hagakure, kursiv die Erläuterungen von Sato.

Entschluß als erhaben. Dennoch kann er sich nicht erinnern, daß Yamagi euch befohlen hätte, euch nach seinem Tod den Bauch aufzuschlitzen. Wenn ihr euch ebenfalls nicht erinnert, wäre eine solche Tat sinnlos. Achtet ihr Yamagis Wohltaten so sehr, denkt doch einmal daran, wie jung sein Sohn Ôsoke ist. Beschützt ihr ihn, so daß er erfolgreich das Haus der Yamagi beerben kann, werdet ihr Yamagis Gunst wahrhaftig zurückzahlen und zur gleichen Zeit Ôsoke gegenüber loyal sein. Deshalb solltet ihr den Gedanken an seppuku *aufgeben.*

Solltet ihr euer Vorhaben dennoch weiterverfolgen, wird euren Nachfahren das Erbe abgesprochen. Einige von euch sind wohl so dankbar ihrem Herren gegenüber, daß sie das nicht von ihrem Plan abbringen wird. Wenn aber nur einer von euch seppuku *begeht, wird es Ôsoke nicht erlaubt sein, das Erbe des Yamagi-Hauses anzutreten; so würde dieser Familienzweig aussterben. Das würde euch zu Untreuen machen. Bedenkt das wohl.«*

Die sechsunddreißig Samurai gaben unter Tränen ihr Vorhaben auf. Mitsushige war darüber hoch erfreut und machte aus der Vorschrift gegen jene Art von seppuku *ein Gesetz. 1663, zwei Jahre später also, folgte das Tokugawa-Shogunat diesem Beispiel in einem Regelwerk für die Familien der Samurai durch das Anhängen eines mündlichen Befehls des Shoguns Ietsuna:*

»Seit jeher warnen wir, daß seppuku *im Gefolge des Todes des eigenen Herren unloyal und nutzlos ist. Weil das aber nicht genug herausgestellt wurde, haben sich in den vergangenen Jahren zu viele Männer selbst getötet. Darum müssen alle Herren nun entschlossen und wiederholt denen, die solches vorhaben, es untersagen. Wenn jemand in Zukunft derartiges tut, wird sein verstorbener*

Herr dafür verantwortlich gemacht. Ebenso wird dessen nachfolgender Sohn für unfähig gehalten, einen solchen Akt unterbunden zu haben.«

Später wurde dieser Zusatz als ein Gesetzesartikel aufgenommen.

Kurz nachdem ich Sawabe Heizaemon beim *seppuku* assistiert hatte, sandte mir der Verwalter Nakano Kazumo ein Lobesschreiben aus Edo, wo er stationiert war. Es enthielt viele wohlwollende Ausdrücke wie: »Du hast den Ruf deines Clans gestärkt.« Damals hielt ich es für unangemessen, mir als bloßem Sekundanten solches zu sagen. Nach längerem Nachdenken wurde mir jedoch klar, daß er aus Wissen und Erfahrung gehandelt hatte. Man muß einen jungen Mann loben, wenn er die Aufgabe eines Samurai richtig erfüllt hat, sei sie auch noch so einfach, damit er mit größerer Hingabe und stärkerem Mut weitermachen kann. Ich erhielt auch vom Älteren Nakano Shôkan ein Lobesschreiben und hob mir beide Briefe auf. Yamamoto Gorôzaemon, mein Neffe, schenkte mir einen Sattel und einen Satz Steigbügel.

Das große Unglück für einen Samurai

1682, als er dreiundzwanzig Jahre alt war, wurde Tsunetomo von seinem Cousin Heizaemon gebeten, ihm beim seppuku *zu assistieren. Heizaemon und einige seiner Freunde waren beim illegalen Glücksspiel ertappt worden, er wurde mit zwei anderen zum Tode verurteilt. Nach kurzem Zögern erklärte sich Tsunetomo mit der*

Bitte seines Cousins einverstanden und verfaßte einen formellen Brief mit seiner Zustimmung. Die Anfangsworte lauteten: »Seit alters sagt man, das größte Unglück für einen Samurai sei, als Sekundant dienen zu müssen. Denn selbst wenn man dieser Aufgabe nachkommt, wird sie den eigenen Ruf nicht verbessern, verpfuscht man sie aber, wird sie zum Stigma fürs ganze Leben.«

Der Sekundant, der für einen der anderen zum Tode Verurteilten ausgewählt wurde, versagte tatsächlich. Er zog sein Schwert in zu großer Entfernung vom Verurteilten, konnte ihn nicht mit einem einzigen Schlag enthaupten und mußte ihn darum »aufschlitzen«.

Das Herz ist weise

Ein bestimmter Mönch war einer der herausragenden Männer der letzten Zeit. Seine Großzügigkeit war unermeßlich. Darum wurde sein großer Tempel auch gut geführt.

»Ich bekam den Vorsitz dieses Tempels, obwohl ich kränklich bin und nicht der Rede wert«, sagte er. »Dann dachte ich, daß ich bestimmt Fehler mache, wenn ich all die Arbeit alleine verrichte. Deshalb tue ich nur das wenige, was ich kann, und lasse, wenn ich mich nicht gut fühle, meine Gehilfen Verschiedenes erledigen, wobei ich hoffe, daß nichts Schlimmes passiert.«

Der Vorgänger seines Vorgängers war zu streng gewesen, die Menschen waren seiner überdrüssig geworden. Sein unmittelbarer Vorgänger hingegen delegierte zu viel und war in mancherlei Hinsicht zu sorglos. Seit der ge-

genwärtige Mönch seine Stelle antrat, waren die Menschen allerdings zufrieden.

Wenn man darüber nachdenkt, organisiert er die Dinge so gut, weil er sie richtig erfaßt, ob sie groß oder klein sind. Manchmal überläßt er sie auch seinen Gehilfen, ohne sich einzumischen. Wenn er gefragt wird, gibt er auf eine Art Anweisungen, die belegen, daß er sich über nichts im unklaren ist.

Vor einiger Zeit kritisierte der leitende Mönch eines Zen-Tempels einen Kameraden, der dafür berüchtigt war, seine Erleuchtung zur Schau zu stellen: »Du stellst dich gegen den Weg des [buddhistischen] Gesetzes. Ich werde dich umbringen!« Dann schlug er ihn zusammen. Mir wurde erzählt, der Mann sei zum Krüppel geworden.

Naki na zo to hito ni wa iite arinubeshi
kokoro no towaba ikaga kotaen.[11]

Ich kann den Leuten weiterhin erzählen,
das Gerücht sei unbegründet.
Doch wie soll ich antworten,
wenn mich mein Herz fragt?

Ich denke, die zweite Hälfte dieses Verses ist so bedeutsam, daß wir sie wie ein Gebet wiederholen sollten. Die Menschen neigen dazu, Dinge zu behaupten und sonst nichts zu tun. Sie geben sich den Anschein, weise zu sein, und verbergen, was sie wirklich sind. Sie sind denen unterlegen, die wirklich reinen Herzens sind. Solche Menschen sind nämlich aufrichtig. Wenn du in dein eigenes Herz schaust, wie es die zweite Hälfte des Verses verlangt, kannst du dich nirgends mehr verstecken. Dein Herz ist weise. Wir sollten uns so verhalten, daß wir davon nicht überrascht werden können.

Nagasaki-Streit

Der »Nagasaki-Streit« soll sich am 20. Dezember 1700 in Nagasaki so zugetragen haben: Als zwei Nabeshima-Samurai, Fukabori San'emon und Shibara Buemon, an einem Diener des Takagi Hikoemon namens Sônai auf einer schneebedeckten und matschigen Straße vorbeigingen, spritzte, von San'emon oder Buemon verursacht, Dreck auf Sônais Kimono. Sônai verfluchte mit dem Hinweis darauf, für Hikoemon zu arbeiten, die beiden Samurai. Diese wurden wütend, schlugen Sônai zusammen und traten ihn in den Schlamm nieder. Sônai rannte davon und schwor, mit seinen Männern zurückzukehren, um Genugtuung zu verlangen.

Noch in derselben Nacht machte Sônai sein Versprechen wahr und kehrte mit einem Dutzend Männer zurück. San'emon und Buemon sahen das voraus und verteidigten sich mit ihren Schwertern. Doch offensichtlich mit besseren Absichten als Kampffähigkeiten versehen, wurden die beiden schon bald überwältigt und ernsthaft verletzt.

Als San'emons Sohn Kaemon davon hörte, eilte er zu Hikoemons Haus, um Rache zu nehmen. Buemons Diener und andere Verwandte begleiteten ihn. Am nächsten Morgen brachen insgesamt zwölf Männer in Hikoemons Haus ein und töteten die meisten Männer darinnen, auch Hikoemon, ohne eigene Verluste zu erleiden. Als der Kampf vorbei war, begingen San'emon und Buemon *sep-*

puku, nachdem sie geäußert hatten, ihre Wünsche seien erfüllt.

Am einundzwanzigsten März des folgenden Jahres erreichten die Urteile der Regierung in Edo bezüglich derer, die an dem Vorfall beteiligt waren, das Nabeshima-Lehnswesen: Tod durch *seppuku* für die verbleibenden zehn Männer und Exil für die neun, die nach dem Kampf noch bei Hikoemons Haus aufgetaucht waren, um zu helfen.

Die »Rache der Soga-Brüder« verweist auf den Mord an Kudô Suketsune im Jahre 1193, den Soga Jûrô Sukenari (1172–1193) und sein Bruder Gorô Tokimune (1174–1193) begingen, um ihren Vater zu rächen.

Beginnend mit dem fünfzehnten Mai 1193 leistete Minamoto no Yoritomo (1147–1199) finanzielle Unterstützung für Großjagden in der Umgebung des Berges Fuji. Suketsune und die Soga-Brüder nahmen mit einer großen Anzahl anderer Samurai teil. Laut dem Soga Monogatari, *dem Bericht von der Racheaktion, den Tsunetomo zitiert, wird Jûrô von Suketsunes Sohn in der Nacht des ersten Tages dabei ertappt, wie er dessen Vater ausspioniert, und daraufhin in dessen Lager gebeten, wo ein Bankett gegeben wird. Jûrô wird zu Suketsunes Sitz zitiert, der ihm versichert, seinem Vater nichts Schlimmes angetan zu haben, und der solche Behauptungen für nichts als üble Nachrede hält. Danach tanzt Jûrô sogar auf Bitten seines Feindes. Weil er jedoch mit seinem Bruder gemeinsam Rache üben will, läßt er diese Chance verstreichen, Suketsune zu töten.*

Als Gorô später davon hört, sagt er: »Der Zeitpunkt war günstig, du hättest ihn töten sollen, auch wenn ich das eigentlich lieber mit dir gemeinsam vollbringe.« Fer-

ner sagte er: »Das war wie auf einen Berg mit Schätzen zu gehen und mit leeren Händen zurückzukehren. Trotzdem bin ich froh, daß du dich zurückgehalten hast.«

Jûrô und Gorô vollendeten ihre Rache dreizehn Tage danach. Im darauf folgenden Handgemenge wurde Jûrô getötet. Gorô konnte fliehen, wurde aber schon bald gefangengenommen und geköpft.

Zögere nicht, Fehler zu korrigieren

Konfuzius sagte: »Wenn du einen Fehler machst, zögere nicht, ihn zu korrigieren.« Wenn du das sofort tust, werden die Folgen des Fehlers erheblich vermindert. Zu versuchen, den Fehler zu verbergen, bringt nur Leiden.

Wenn du zum Beispiel bemerkst, daß du etwas gesagt hast, was du besser für dich behalten hättest, solltest du es unverzüglich zugeben. In diesem Fall bleibt das, was du sagtest, nicht bestehen. Wenn dich dann immer noch jemand kritisiert, kannst du entgegnen: »Ich habe einen Fehler gemacht und ihn zugegeben. Wenn du denkst, das sei nicht genug, kann ich daran nichts ändern. Ich habe das, was ich äußerte, nicht im Hinblick auf dich gesagt, darum wäre ich dankbar, wenn du so tun könntest, als hätte ich gar nichts gesagt. Wir können es eben alle nicht vermeiden, gelegentlich etwas über andere zu sagen, nicht wahr?«

Unter keinen Umständen solltest du je ein Geheimnis oder Gerüchte über andere Menschen weitergeben. Wenn du mit einer Gruppe von Menschen zusammen bist, solltest du sorgfältig jedes Wort bedenken, das du äußerst.

Jenseits des Standards lügen

Eine gute Handschrift sollte eigentlich kontrolliert und exakt sein. Tatsächlich wirkt sie dann aber oft nur steif und minderwertig. Sie sollte jedoch etwas enthalten, was jenseits des Standards liegt. Das gilt für alles andere auch.

Die Entscheidung treffen

Ittei[12] sagte: »Du hältst dich selbst unnötigerweise für wertlos, wenn du einen wirklich vollendeten Mann ansiehst und dabei denkst, daß du nicht so gut sein kannst. Ein wahrhaft vollendeter Mann ist ein menschliches Wesen; das gleiche gilt für dich. In dem Moment, in dem du dich entscheidest, ihm nicht unterlegen zu sein, und neue Taten in Angriff nimmst, hast du die Essenz dieser Angelegenheit bereits begriffen. Sich im Alter von fünfzehn Jahren entschlossen zu haben, ein vollkommener Gelehrter zu werden, war das ganze Geheimnis jenes großen Mannes.[13] Er wurde zu jenem großen Mann, weil er die Entscheidung dafür getroffen und dann hart dafür gearbeitet hatte.«

Ittei sagte auch: »In dem Augenblick, in dem du dich entscheidest, erleuchtet zu werden, bist du es bereits.«

Das wahre Vermögen eines Samurai

Mein Vater Yamamoto Shin'emon Yoshitada pflegte zu sagen: »Das wahre Vermögen eines Samurai sind die Menschen, die ihm beistehen. Du denkst womöglich, du könntest deinem Fürsten angemessen dienen, doch die Arbeit eines Kriegers kannst du nicht allein verrichten. Du mußt dich darum bemühen, fähige Menschen in deiner Nähe zu haben. Wenn sie für dich arbeiten, mußt du zuerst *ihre* Münder mit Nahrung füllen und dann deinen. Dann werden sie bei dir bleiben.«

Die meinen Vater kannten, erzählten sich: »Niemand von Shinemons Status und Rang hat so viele Helfer wie er«, oder »Shin'emon hat mehr Anhänger als ich.« Viele Männer, die er selbst ausbildete, dienten dann Fürst Katsushige als Speerträger. Als er den Befehl empfing, einer Militäreinheit vorzustehen, lautete die Anweisung des Fürsten so: »Was die Mitglieder seiner Einheit angeht, so kann Shin'emon sie durch die ersetzen, denen er den Vorzug gibt.« Außerdem wurde ein besonderes Gehalt gewährt, und Shin'emon konnte die gesamte Einheit mit seinen eigenen Gefolgsleuten besetzen.

Bei den regelmäßigen Mondschauen pflegte Fürst Katsushige Shin'emons Männer auszusenden, um rituelles Salzwasser aus Terai zu besorgen, indem er sagte: »Laßt die Männer aus Shin'emons Einheit diese Arbeit tun. Sie machen sich nichts daraus, an solche Orte vorzudringen, um an das Wasser zu kommen.«

Wenn dein Fürst so von dir abhängt, kannst du ihm nur mit Ergebung und Sorgfalt dienen.

Ein Samurai gibt niemals auf

Im *Kusunoki Masashige Hyôgo Ki* heißt es: »Ein Samurai gibt niemals auf, weder um den Feind zu täuschen noch um des Kaisers willen.«

Kusunoki Masashige Hyôgo Ki ist ein Buch mit Aussprüchen, die Kusunoki Masashige (1294–1336) zugeschrieben werden und das der Legende nach von Masashige selbst an Onchi Wada in Hyôgo weitergegeben worden sein soll, ehe Masashige in eine hoffnungslose Schlacht zog. Der Originalabschnitt, auf den Tsunetomo sich bezieht, lautet:

»Wenn du von allen Seiten von deinem Feind umzingelt wirst, als einziger übrig bist und dich dann entscheidest, dich zu ergeben, um später etwas gegen den Feind zu unternehmen, bist du nicht länger ein mutiger Mann. Wenn du ans Überleben zwecks eines späteren Anschlags auf deine Feinde denkst, wirst du diesen niemals ausführen, denn wenn die Zeit dann reif wäre, würde dir etwas anderes einfallen, was deinem Leben nützlich sein könnte. Betrachte statt dessen deinen Feind und den Tod als ein und dasselbe, und handle entsprechend.«

Für einen vollendeten Mann

Im *Bushidô Kôsha Sho* (Über die Vollender des Weges des Samurai) heißt es: »Für einen vollendeten Mann gibt es eine Art, seinen militärischen Ruf zu begründen, die jenseits der Übung liegt.« Hierin liegt der Samen für Mißverständnisse späterer Schüler. Nach »gibt es« sollte ein »auch« ergänzt werden. Shida Kichinosuke sagte: »Wenn du gezwungen wirst, zwischen Leben und Tod zu wählen, solltest du besser leben.« Shida ist ein Mann von Tapferkeit, er meinte das nicht ernst. Junge Menschen verstehen es aber so, als hätte er etwas für einen Samurai Unehrenhaftes gesagt. An anderer Stelle meint Kichinosuke jedoch: »Wenn du nicht weißt, ob du essen sollst oder nicht, laß es lieber bleiben. Wenn du nicht weißt, ob du sterben oder leben sollst, dann stirb.«

In einem wichtigen Abschnitt des Bushidô Kôsha Sho, *veröffentlicht im Jahre 1617, sagt sein Autor Ogasawara Sakuun Katsuzô:* »*Der Vorteil, ein vollendeter Mann zu sein, liegt darin, einen Weg zu kennen, den eigenen militärischen Ruf zu festigen, ohne tatsächliche Übung zu benötigen. Es ist der Vorteil, Worte benutzen zu können, um die kleine Erfahrung im Soldatendasein eindrucksvoll klingen zu lassen. Das Soldatendasein erlernen heißt nicht unbedingt, Bücher zu lesen. Es geht eher darum, Geschichten von erfahrenen Männern zu hören und zur gleichen Zeit die eigene Ausbildung fortzusetzen.*«

Aus dem zweiten Buch

Der Tod ereilt jeden

Ob von edler oder niederer Herkunft, ob alt oder jung, ob erleuchtet oder nicht, jeder muß sterben. Alle wissen das, denken aber, daß sie erst sterben würden, wenn alle anderen schon in die jenseitige Welt entschwunden seien. Denke darum, daß dir nichts dabei helfen kann, dem Tod zu entrinnen. Die Gedanken der anderen sind nur ein Traum. Die geheime Formel lautet daher, stets auf den Tod zu lauern und entschlossen zu sein, in jedem Moment sterben zu können.

Über Unbedeutendes ernsthaft reden

Wenn ein Mann über eine unbedeutende Sache ernsthaft und detailliert spricht, möchte er in Wirklichkeit etwas anderes sagen, doch durch sein lautes und nutzloses Geschwätz noch im verborgenen halten. Das erzeugt aber nur Zweifel bei den Zuhörern.

Die Vernunft jenseits der Vernunft erkennen

Ob man Gerüchten lauscht oder offiziellen Ergebnissen von laufenden Untersuchungen, man kann nicht zur eigenen klaren Vernunft vorstoßen, wenn man bloß jener Vernunft lauscht, die der Redner an den Tag legt, und wenn man diese nicht analysiert. Der Zuhörer sollte vielmehr denken: »Der Redner nennt es schwarz, doch es sollte nicht schwarz sein. Es muß weiß sein, und dafür muß es einen Grund geben.« Solcherart zweifelnd stößt man auf höhere Vernunft. Wenn es erlaubt ist, diese gegenüber dem Redner zu äußern, so sollte man es tun, doch darauf achten, nicht dessen Gefühle zu verletzen. Wenn dies nicht möglich ist, sollte man dem Redner seine Überzeugung lassen, indem man schweigt. Diese »höhere Vernunft« ist verschieden von bloßer Vermutung, ungerechtem Vernünfteln oder Zweifeln aus niederen Beweggründen.

Dienst auf hohem Niveau

Einmal erzählte ich jemandem: »Es ist wahrlich eine Freude, dich so wohlerzogen und gewissenhaft zu sehen. Nun mußt du aber einen Schritt weitergehen. Dein gegenwärtiges Denken ist noch bedauernswert, weil du auf dein künstlerisches Talent so viel Wert legst. Als Meister einer Kunst verwirfst du den Status der Samurai, der generationenlang aufrechterhalten wurde. Darum halten Gefolgsleute in diesem Lehnswesen schon lange künstlerisches Talent für eine Ursache des Niedergangs eines Clans.

Das ›höhere Niveau‹, auf dem du Dienst tun solltest,

führt dazu, daß man dich für einen herausragenden und lobenswerten Samurai hält und zum Minister ernennt, wenn der Clan einen benötigt. Wenn nützliche Gefolgsleute rar sind, werden die Fehler eines Mannes, die in der Vergangenheit liegen, schnell vergessen. Den Clan als Minister zu verwalten gilt als höchste Form des Dienstes. Selbst wenn du nicht dazu berufen wirst, wird dein Entschluß, auf solche Weise dienen zu wollen, dem Clan stets nutzen. In Notlagen werden Höhergestellte dich privat aufsuchen; ihnen zum Wohle des Clans Rat zu erteilen wird ebenfalls treuen Dienst bedeuten. Ein Mann, der an nichts als den Dienst für den Clan denkt und andere dabei übertrifft, wird niemals links liegengelassen.«

Als dieser fragte, ob auch er es so weit bringen könne, antwortete ich: »Das ist ganz leicht. Du mußt dich nur jeden Augenblick auf dieses Ziel konzentrieren. Es gibt auch noch einen anderen Weg, deine Fähigkeiten im ganzen Lehnswesen innerhalb von nur zehn Tagen bekanntzumachen.

Es gibt da einen Neureichen, der von jedem gefürchtet wird. Neulich sprach ich mit ihm. Er ist ein geschickter Redner und versteht es, seine Überlegenheit weithin bekanntzumachen. Wenn morgen jemand etwas behauptet, zertrümmert er diese Behauptung sofort, indem er den Gegner mit tausend Argumenten schachmatt setzt und zum Schweigen bringt. Das erstaunt die Menschen so sehr, daß sich bald darauf sein Name noch weiter verbreitet. Solange man keinen gefürchteten Mann zum Schweigen bringt, kann man andere nicht beeindrucken.«

Darauf bemerkte mein Gesprächspartner: »Wie herausragend dieser Neureiche doch ist!« Was mich ihn ermahnen ließ: »Wenn du so denkst, wirst du nie eine große

Aufgabe bewältigen. Was könnte an ihm so herausragend sein? Du darfst deinem Geist nicht erlauben, von irgendeinem anderen übertroffen zu werden. Nur dann kannst du echten Herausforderungen begegnen!

Übrigens ist Yoshitsunes[14] Betonung von ›Mut, Weisheit und Gnade‹ interessant. Selbst heutzutage braucht ein Mann unter vierzig Mut, Weisheit und Gnade. Der Neureiche war auch so einer, der mit seinem Mut, seiner Weisheit und seiner Gnade hausieren ging.

Des weiteren kritisiere nicht vor anderen den Fürsten, die Minister oder Ältere des Clans, selbst wenn du gute Gründe für deine Kritik hast. Selbst wenn du es vorziehst, keine unvernünftigen Dinge von diesen zu vernehmen, antworte ihnen stets: ›Ihr habt recht.‹ Lobe sie sogar vor anderen, damit diese sich ihnen verbunden fühlen. Sorge dafür, daß denen in hohen Ämtern vertraut wird. Die Menschen sind launenhaft. Wenn einer hochgelobt wird, stimmen sie gerne in die Hymnen ein; wird einer schlechtgemacht, denken andere schnell Übles über ihn.

Noch etwas. Ich hörte, daß jemandem von einem Clanbeamten gesagt wurde, er solle sich woanders um Gefolgsdienst bewerben. Wenn dir das passiert, zögere nicht, deine Meinung zu sagen, egal, wie vertraut ihr seid. Wenn du dann nämlich höflich bleibst und ohne Widerspruch den Befehl annimmst, wirkst du nur unsicher. Es kann sein, daß dich ein Mann, der dich einst unterstützte, fallenläßt. Jener Betroffene soll damals geantwortet haben: ›Selbst wenn ich nichts mehr zu essen bekomme und verhungere, ich bleibe Gefolgsmann in diesem Clan. Meine Treue zum jetzigen Fürsten auf jemand anderen zu übertragen ist mir unmöglich, was Buddha und die Götter auch immer empfehlen mögen.‹«

Ein Schwertangriff innerhalb des Palastes

Einmal stellte ich dem Mönch Genshin eine Frage: »Du sollst gesagt haben: ›Im Palast sollte niemand auf die Herausforderung eines anderen eingehen, der plötzlich sein Schwert zieht und ihn verwundet. Er sollte den Vorfall sofort melden, woraufhin man *ihn* für vernünftig hielte, selbst wenn der andere einen Grund für seine Attacke gehabt hätte.‹ Muß er die Schmach also wegstecken und auf eine spätere Revanche hoffen?«

Der Mönch erwiderte: »Diese Situation erfordert bedächtige Worte. Er sollte den Angreifer vor den Inspektor bringen oder diesem allein berichten, wie sich der Fall chronologisch zugetragen hat: ›In einer solchen Situation finde ich es schwer, dem Angreifer zu vergeben. Da der Vorfall aber im Palast stattfand und um den Frieden des Fürsten nicht zu stören, nehme ich von der eigentlich angebrachten Reaktion Abstand. Ich habe mein Leben aufgegeben. Bitte versteht die Tiefe meines Empfindens.‹ Sollte der Angreifer nicht bestraft werden, kann das Opfer ihn unverzüglich erschlagen, da es sein Leben bereits aufgegeben hat.«[15]

Ein Gefolgsmann, der wieder in den Dienst eintritt

Ein Gefolgsmann, der wegen eines Vergehens einst aus dem Dienst entlassen wurde und nun wieder eingestellt wird, sollte besser dumm und derb erscheinen. So kann er seinen Geist stabilisieren und ausrichten. Je mehr er die wohltätige Behandlung[16] der Gefolgsleute in seinem Clan schätzt, die seit Generationen überliefert wurde, desto bedeutsamer wird seine Verpflichtung gegenüber dem Fürsten. Darum würde ein solcher Gefolgsmann sich bei einer gelegentlichen Entlassung nichts Besonderes denken. Diese Nähe zwischen Fürst und Gefolgsmann ist herausragend. Selbst wenn Gautama, Konfuzius oder die Sonnengöttin auftauchten und andere Ratschläge erteilten, der Glaube an das Band zwischen Fürst und Gefolgsmann könnte nicht erschüttert werden. Wirf ihn ins Inferno oder laß ihn göttliche Strafen erleiden – dennoch benötigt ein Gefolgsmann nichts als seine Ergebenheit dem Fürsten gegenüber. Solange er nicht davon überzeugt ist, mag er noch von augenscheinlich vernünftigen Argumenten angezogen werden. Doch weder Götter[17] noch Buddha halten jene Ergebenheit dem Fürsten gegenüber für falsch.

Wie man einen Mann aus einem Samurai mit Fehlern macht

Die Zurechtweisung eines Samurai, dem du moralisch verpflichtet bist, mit dem du vertraut stehst oder der dich unterstützt, muß geschickt und im stillen erfolgen, selbst wenn der Samurai ein Laster hat. Du mußt dich zwischen den Samurai und andere stellen und ihn vor übler Nachrede bewahren, ihn bei jeder Gelegenheit loben, der einzige nahe Freund von ihm werden und ihn gegen eine Mehrheit von Menschen verteidigen. Unterdessen weise ihn im Vertrauen auf eine Art zurecht, die er annehmen kann. So heilt seine böse Wunde, und er wird ein brauchbarer Samurai. Derjenige, der zurechtweist, sollte den Mann mit Fehlern nachsichtig behandeln und sich doch stets wünschen, diesen Mann zu verbessern.

Zeige Stärke durch Lärm

Einige junge Knappen waren nachts auf einer Fähre, als ein Schiff die Fähre rammte. Ein paar Seemänner des Schiffes sprangen auf die Fähre und riefen: »Im Namen der Meere – euren Anker!« Ein Knappe brüllte ihnen entgegen: »Das gilt nur für Seeleute. Wie könnten wir euch den Anker eines Schiffes ergreifen lassen, das Samurai trägt? Kameraden, erschlagt sie alle und werft sie ins Meer!« Davon überrascht, flohen alle Angreifer. In solch einem Fall ist es wichtig, sich wie ein Samurai zu verhalten. Es ist ratsam, ein so kleines Problem durch einfaches Herumschreien zu lösen. Wenn man sich zuviel Zeit läßt, kann ein kleines Problem zu einem ernsten werden, daß dann jenseits jeder Kontrolle liegt.

Warum Menschen heutzutage lethargisch sind

Von einem gewissen Gefolgsmann wurde folgendes vernommen: »Wenn Samurai sagen: ›Wir sind heutzutage auch ohne Schlachten glücklich‹, sind sie nicht vorbereitet. Wie sehr wünschte ich mir, während meines kurzen Lebens einmal auf einem Schlachtfeld zu stehen! Es ist mir unerträglich, in Friedenszeiten im Widerspruch zu meinem Kriegergeist im Bett zu sterben. Samurai vergangener Epochen wären zutiefst betrübt. Denn nichts ist befriedigender, als in einer Schlacht getötet zu werden.«

Es wäre anmaßend, einer solchen Aussage zu widersprechen, besonders, da sie von einem älteren Samurai stammt. Wenn man dafür nicht rügt, ist man auf der sicheren Seite, genauso, wenn man seine Übereinstimmung mit ihm bekundet. Jedoch könnte jemand auch, ohne die Gefühle des alten Mannes zu verletzen und andere Anwesende aufzubringen, folgendes einwerfen: »Nun, es scheint, daß Menschen heutzutage vom Leben in Frieden nicht so sehr geschwächt werden. Sie sind ohne Krieg einfach nur lethargisch. Würde etwas Ernstes anliegen, würden sie auch mannhafter werden. Das trifft ebenso auf Menschen früherer Zeiten zu. Selbst wenn nicht, Vergangenes ist vergangen. Da heute alle Menschen lethargisch sind, gibt es keinen Grund, allein die Jungen zu beschuldigen.« In solch friedvollem Geist sollte dies vorgetragen werden.

Gehen, bevor ein anderer Gast kommt

Einmal begleitete ich einen Kameraden zu einem offiziellen Besuch. Wir saßen bei einem kleinen Gespräch im Haus des Gastgebers. Dieser sagte: »Bitte bleibt noch ein Weilchen. Ich wünschte sogar, ihr könntet bis zum Abendessen bleiben, doch ein anderer Gast wird noch kommen.« Kurz danach gingen wir. Jemanden zu verlassen, nachdem einem gesagt wurde, daß ein anderer Gast kommen wird, gibt einem ein Gefühl von Ausgeschlossensein.

Wie man einen Diener entläßt

Der verstorbene Yamamoto Jin'uemon[18] behielt einen Diener, der sich danebenbenahm, den Rest des Jahres über und entließ ihn dann, ohne ihm sein Fehlverhalten vorzuwerfen.

Sei vorsichtig in deinen Aussagen

Mach keine beleidigenden Bemerkungen. Sei sorgsam. Wenn ein problematischer Sachverhalt ans Licht kommt, neigen die Menschen dazu, in Verwirrung darüber zu reden, ohne sich genau auszukennen. Das ist nutzlos. Wenn das Schlimme zum Schlimmsten wird, führt es zu heftigen Auseinandersetzungen. Selbst wenn die Dinge nicht so weit kommen, laden beleidigende Worte Feinde ein, die voller Mißgunst sind. Unter solchen Umständen ist es besser, daheimzubleiben und sich mit Gedichten und ähnlichem zu beschäftigen.

Die grundlegende Philosophie der Teezeremonie

Der verstorbene Kazuma hat gesagt: »Die grundlegende Philosophie der Teezeremonie liegt im Reinigen der sechs Wurzeln der Wahrnehmung. Eine Hängerolle mit einem Bild oder einer Kalligraphie oder eine Vase mit kunstvoll arrangierten Blumen zu sehen, den aromatischen Duft von Weihrauch zu genießen, einem pfeifenden Teekessel mit kochendem Wasser zu lauschen, duftenden Tee zu schmecken und das eigene Benehmen zu korrigieren macht die Vollendung der fünf Wurzeln rein und klar. Diese fünf Wurzeln bedingen die sechste Wurzel, ein reines Herz. Schließlich reinigt die Teezeremonie den Geist. Tag und Nacht vergesse ich nie diese Philosophie der Teezeremonie. Dieser Weg liegt jenseits von bloßer Unterhaltung.«

Er sagte auch: »Die Utensilien der Teezeremonie müssen innerhalb des eigenen Weges und der eigenen Mittel liegen. Ein altes chinesisches Gedicht sagt: ›Das Dorf ist von dicken Schichten Schnee bedeckt. Vergangene Nacht erblühten zahlreiche Pflaumenzweige.‹ Der Dichter berichtigte ›*ein* Zweig erblühte‹, denn ›zahlreiche Zweige‹ hielt er für zu verschwenderisch. ›Ein Zweig‹ macht das Gedicht einfacher und feiner.«

Aus dem dritten Buch

Farbe für eine bewegende Nachricht

Fürst Kobayakawa Takakage entsandte einen Gehilfen mit einer komplizierten Nachricht zum Fürsten Naoshige in Saga, der ihm beibringen sollte, *wie* die Nachricht schließlich mitzuteilen sei. Fürst Naoshige empfing den Boten und sagte: »Deine Nachricht selbst ist tadellos. Du solltest nur etwas mehr Farbe hineinbringen. *Noh*-Dramen und Gesänge aus dem *Heike-monogatari*[19], die von erfahrenen Künstlern vorgetragen werden, rühren die Zuhörer zu Tränen. Wenn sie jedoch auf armselige Weise rezitiert werden, geschieht nichts, auch wenn die Worte und Töne die gleichen sind. Diesen Rat gebe ich dir.« Es heißt, der dankbare Gesandte wurde davon tief bewegt.

Sei stets auf der Hut

Fürst Nippô[20] erzählte einem Gefolgsmann während der Nachtwache: »Ein Samurai sollte stets wachsam sein. Unerwartete Dinge mögen eintreten, wenn du nicht auf der Hut bist, und zu Fehlern führen. Auch solltest du, wenn von einem anderen schlecht geredet wird, davon Abstand nehmen, ihn selbst so zu mißbrauchen. Im Dienst solltest du stets den anderen voraus sein. Nimm nur an einem Vergnügungsausflug teil, wenn du darum gebeten wirst. Wenn ein anderer über etwas spricht, wovon du nichts verstehst, ist es schlechtes Benehmen, so zu tun, als wüßtest du Bescheid. Wenn umgekehrt ein anderer wissen will, was du weißt, ist es schlechtes Benehmen, es ihm nicht zu sagen.«

Aus dem vierten Buch

Samurai aus Kyushu mangelt es an dem *einen* Geist

Eines Tages saß der junge Fürst Katsushige mit anderen Fürsten aus verschiedenen Bezirken an einem Ort beisammen, an den ich mich nicht erinnern kann. Einer von ihnen meinte: »Die Leute sagen, den Samurai aus Kyushu ermangele es an dem *einen* Geist.« Niemand bemerkte, daß Fürst Katsushige aus Kyushu stammte. Ein anderer Fürst fragte: »Was bedeutet das?« Woraufhin Fürst Katsushige barsch verkündete: »Hier ist jemand aus Kyushu. Ich bin mir dessen wohl bewußt, daß es den Samurai aus Kyushu, wie ihr sagt, an *einem* Geist mangelt.« Jeder war betroffen von seinen Worten. Schließlich sagte jemand: »Nimm unsere Entschuldigung an. Sicher stammst du aus Kyushu. Wessen aber bist du dir noch gleich bewußt?« Fürst Katsushige antwortete: »Der uns fehlende eine Geist, um das klarzumachen, heißt *Feigheit*.«

Zeigt den Eltern auf dem Totenbett keine Tränen

Fürst Katsushiges Leben war in einem kritischen Zustand, seine Frau besuchte ihn ein letztes Mal an seinem Bettlager. Sie brachte ihr Gesicht dem seinen nahe und sprach laut: »Was für ein wunderbarer Augenblick, dein Leben zu beenden! All die Jahre hast du dich als Krieger ohne Tadel hervorgetan, dein Lehnswesen befriedet und für reichlich Nachkommenschaft gesorgt. Du hast den Vorsitz der Familie abgegeben und bist nun jenseits der Achtzig. Weil du unvergleichliche Leistungen vollbracht hast, mußt du auf nichts mit Bedauern zurückschauen. Darf ich dir Lebewohl sagen!«

An Katsushiges Bett befand sich auch Ocho, eine seiner verheirateten Töchter, die weinte. Ihre Mutter warf ihr einen wütenden Blick zu und schimpfte: »Wie kannst du es wagen, wenn du auch eine Frau bist, deinem Vater in seinem letzten Augenblick ohne verständlichen Grund deine Tränen zu zeigen!« Danach, so sagt man, sei sie energisch von dem Bettlager aufgestanden und habe sich entfernt.

Nach Fürst Katsushige sterben

In dem Augenblick, als Fürst Katsushige starb, zerbrach sein Apotheker Nabeshima Uneme all seine medizinischen Utensilien. Kizaemon, der für Katsushiges Siegel verantwortlich war, zerbrach in Gegenwart von Fürst Mitushige, dem Erben, alle Siegel. Dann badeten die beiden Katsushiges Körper für die Einäscherung, legten ihn in seinen Sarg und brachen mit gesenkten Köpfen in Tränen aus.

Abrupt standen sie auf, rannten aus dem Schlafzimmer, als sie noch ihre Baderoben anhatten, und murmelten: »Unser Fürst ist allein in die Unterwelt eingegangen. Sorgen wir so bald wie möglich dafür, daß wir ihn einholen.« Die große Halle war angefüllt mit den nahen Verwandten des verstorbenen Fürsten, mit Taku Mimasaka an der Spitze, Katsushiges engen Vertrauten und anderen Gruppen. Uneme und Kizaemon verabschiedeten sich mit den Worten: »Es ist unnötig, unsere Jahre engster Verbindung mit jedem von euch zu erwähnen. Es würde Tage dauern, mit euch zum letzten Mal zu sprechen. Bitte laßt uns gehen.« So verschwanden sie. Selbst Mimasaka, der für seine herausragende Tapferkeit bekannt war, konnte kein Wort sagen. Nachdem er sich von ihnen verabschiedet hatte, pflegte er zu sich selbst zu sprechen: »Diese Samurai! Oh, diese Samurai!«

Uneme ging zurück in sein Dienstzimmer, nahm ein Bad und ruhte sich, nach all den Tagen am Bettlager seines Fürsten, ein wenig aus. Als er erwachte, fragte er nach dem Teppich, der von Riemon[21] als Abschiedsgeschenk geschickt worden war. Dieser Teppich wurde in einem Zimmer im Obergeschoß ausgebreitet, wo Uneme seinem Fürsten durch *seppuku* folgte. Mitani Yozaemon vollzog den Gnadenhieb.[22]

Aus dem fünften Buch

Das Haus brennt

Ein Feuer brach in Kinoshita Goheis Haus aus, Flammen züngelten innerhalb des Fürstenpalastes. Seine Ratgeber Sagara Kyuma und Yamazaki Kurando ließen den Fürsten durch den Knappen Nakano Ichizaemon fragen, ob die Feuerwehr kommen solle. Der Fürst antwortete: »Ich bin müde, darum mache ich ein Nickerchen. Wenn mein eigenes Haus in Flammen steht, weckt mich auf. Es könnte niederbrennen, und auch die Bibliothek.« Unbekümmert ging der Fürst dann zu Bett.

Aus dem sechsten Buch

Essen und Trinken, das vom Feind kommt

In der Schlacht gegen die Ohtomo-Familie brachte ein Gesandter des Feindes Essen und Trinken zum Lager des Fürsten Takanobu.[23] Erfreut wollte der gerade die Geschenke annehmen, als ihn seine Gehilfen davor warnten: »Die Speisen könnten vergiftet sein und sollten nicht einfach von einem Kommandanten eingenommen werden.« Doch der Fürst lehnte die empfohlenen Vorsichtsmaßnahmen ab: »Welchen Schaden kann irgendein Gift schon in mir anrichten? Holt den Gesandten her.«

Der Gesandte leistete dem Fürsten Gesellschaft, der die Spitze des großen Saké-Fasses abschlug, in schneller Folge drei große Tassen trank und dem Gesandten einschenkte. Währenddessen diktierte er eine Antwort an den General des Feindes und schickte den Boten zurück.

Aus dem achten Buch

Nakano Matabei[24] zieht in die Shimabara-Schlacht

Zur Zeit des Aufstandes der Shimabara-Christen[25] war Matabei mit einundzwanzig Jahren[26] ohne Gehalt Kommissar von Nishime[27] und wurde von Pocken geplagt.

Als sich die Nabeshima-Armee zur Schlacht bei Shimabara formierte, tauchten Boten um Boten von anderen Mitgliedern des Clans bei Matabei auf, mit der immer gleichen Nachricht: »Ich werde in die Schlacht ziehen. Kuriere du erst mal deine Pocken aus, und wenn du wieder richtig gesund bist, folge mir in die Schlacht.« Die Nachricht von Nabeshima Gorôzaemon, dem Schwiegersohn von Matabeis Schwester, klang schroffer: »Nun unter Pocken zu leiden, wenn der Krieg losgeht, heißt: Das Kriegsglück hat dich verlassen!«

Diese Nachricht stemmte Matabei aus seinem Bett. Er sprach: »Gorôzaemon hat recht! Ich muß mich auf alle Fälle trotz dieser lästigen Umstände auf den Weg machen.« Das war am zwölften Tag nach Ausbruch seiner Krankheit. Erschüttert glaubten die ihm Nahestehenden, er sei verrückt geworden, wurden aber von Matabei versichert: »Ich bin nicht verrückt! Gorôzaemons Nachricht hätte nicht besser formuliert sein können. Wie könnte ein Samurai seine Ehre ungetrübt erhalten, wenn er aus

Krankheitsgründen nicht in den Krieg zöge? Wenn ich auf halbem Weg aufs Schlachtfeld tot umfiele, wäre ich zufrieden, weil ein solcher Tod dem in der Schlacht gleichbedeutend wäre. Ich muß unter allen Umständen aufbrechen.«

Daraufhin entschieden sie sich, seinen Körper mit warmem Wasser zu reinigen, gossen aber in der Hektik versehentlich kaltes Wasser in die Wunden. Das verursachte Matabei größte Übelkeit und ließ ihn beinahe ohnmächtig werden. Da biß er die Zähne zusammen, begab sich nach Saga und eilte mit Nakano Takumi[28] nach Shimabara. Auf dem Weg bestieg er ein gepäckfreies Lastpferd und entdeckte in der Nacht Schwellungen an seinen Füßen. Dank warmer Druckverbände, die in Reiswaschwasser[29] eingetaucht worden waren, gingen die Schwellungen am folgenden Morgen zurück.

Danach erreichte er Shimabara ohne weitere Schwierigkeiten, kämpfte tagein und tagaus und wurde vom Fürsten für seinen entschiedenen Dienst mit zwanzig Silbermünzen belohnt. Seine Ehre hielt er dank der wenigen Worte Gorôzaemons aufrecht, der seinen Kampfgeist angestachelt hatte. »Pocken und ähnliches sind keine Feinde, wenn jemand starke Willenskraft besitzt.« So hörte man Matabei reden ...

Priester Denko, der Rächer aus dem Ryu'unji-Tempel

Denkô, der im Taku-Bezirk geboren wurde, hatte einen älteren Bruder namens Jirobei, einen jüngeren Bruder und seine Mutter. An einem Septembertag ging seine Mutter zu einer Predigt, begleitet von Jirobeis Sohn.

Nach der Predigt trat Jirobeis Sohn, als er nach seinen Strohsandalen suchte, aus Versehen auf den Fuß eines Mannes. Dieser beschimpfte sofort den jungen Mann und erstach ihn schließlich mit einem Kurzschwert. Geschockt ergriff Denkôs Mutter den Mörder, der auch sie erstach. Dieser Mann hieß Gorôzaemon und war ein Sohn des Nakajima Ro'an, der seinen Status als Gefolgsmann verloren und einen *yamabushi*[30] zum Bruder hatte. Da er ein Weggefährte von Fürst Mimasaka[31] war, erhielt auch Gorôzaemon von diesem seinen Lebensunterhalt.

Als er von den Ereignissen hörte, lief Denkôs jüngerer Bruder zu Gorôzaemons Haus, um seine tote Mutter und seinen Neffen zu rächen. Die Haustür war von innen fest verriegelt, und niemand kam heraus. Doch als er mit seiner Stimme einen Besucher vortäuschte, öffnete sich die Tür einen Spaltbreit, woraufhin Denkôs Bruder seinen Namen nannte und Gorôzaemon in einen Schwertkampf verwickelte. Gemeinsam fielen sie in eine Müllgrube, wobei Gorôzaemon getötet wurde. Sein *yamabushi*-Bruder, der zur Hilfe eilte, erschlug Denkôs Bruder.

Als Denkô selbst davon erfuhr, ging er zu Jirobei und beschwörte ihn: »Es betrübt uns zu Tode, daß nur einer von ihnen und drei von uns tot sind. Bitte, laß uns die anderen töten.« Jirobei hingegen zeigte kein Anzeichen von Zustimmung. Der Verdruß nagte an Denkôs Herzen, weshalb er beschloß, trotz seines Mönchstatus seine Mutter und seinen Neffen selbst zu rächen. Weil er noch ein niederrangiger Mönch war, erwartete er besonders harsche Vergeltungsmaßnahmen vom Fürsten Mimasaka, wenn der Rachefeldzug einmal durchgeführt wäre. Nach gehöriger Anstrengung machte er sich darum zum Kurat eines Tempels. Unter dem Vorwand, sie seien für seine Kalligraphieschüler gedacht, ließ er sich von dem Schmied Iyonojô ein paar Schwerter anfertigen.

Am dreiundzwanzigsten September des folgenden Jahres verließ er heimlich sein Quartier im Aufzug eines Laien. In Taku traf er seinen Feind, den *yamabushi*, wie er mit anderen dem Ritus des »Wartens auf den aufgehenden Mond« beiwohnte. Obgleich es jenseits seiner Kräfte zu sein schien, den Racheakt bei solch einer Gelegenheit auszuführen, konnte er ihn nicht länger herauszögern. Da kam ihm die Idee, Ro'an, den Vater des *yamabushi*, zu erschlagen.

So brach er in Ro'ans Haus ein, verkündete seinen Namen und den Grund seines Einbruchs und stach wieder und wieder auf den im Bett sitzenden Ro'an ein, bis dieser tot war. Der Tumult zog Menschen aus der Nachbarschaft an. Von diesen umzingelt, erklärte Denkô die Umstände und warf seine Schwerter fort. Die Nachricht davon erreichte schon bald danach die Hauptstadt Saga. Als Denkô zu seinem Tempel zurückkehren mußte, begleiteten ihn viele Gemeindeglieder auf seinem Weg von Taku aus.

Während Fürst Mimasaka vor Wut kochte, konnte er doch den Fall nicht nach seinem Gutdünken abhandeln, weil Denkô Kurat des Tempels war, der vom Fürsten des Hauptlehens gebaut worden war. Er sandte jemanden mit der Bitte zum Kôdenji-Tempel,[32] daß Denkô für den Mord zum Tode verurteilt werden solle. Die Antwort Tannens[33] lautete: »Welche Strafe auch immer jemandem in unserer Sekte zuteil wird, obliegt meiner Entscheidung.«

Fürst Mimasaka, der von dieser Antwort nur noch mehr erzürnt wurde, hakte nach, welche Strafe denn genau Denkô erwarte. Tannen erwiderte: »Es wird dir nicht guttun, meine Antwort zu vernehmen. Die Regel, mit einem Mönch zu verfahren, der sich gegen Buddha versündigt hat, lautet, ihm die Priesterwürde zu entziehen und ihn zu verbannen.«

Als Denkô zu weltlichem Leben verurteilt und vertrieben war, begleiteten ihn seine Schüler, mit Schwertern bewaffnet, zusammen mit Scharen von Gemeindegliedern in Sicherheit nach Todoriki.[34] Auf dem Weg tauchten viele jägergleiche Männer auf und fragten die Gruppe, ob sie aus Taku käme. Schließlich ließ sich Denkô in der Provinz Chikuzen nieder. Die Geschichte der Blutrache wurde weithin bekannt, wodurch er überall von den Menschen gut behandelt wurde. Er freundete sich sogar mit Angehörigen der Samurai-Klasse an.

Eine Samurai-Frau nimmt Rache

Ko'uemons Frau war die Tochter von Kambara Kihei, der dem Fürsten Yamagi diente. Die verarmte Kurokawa-Familie mußte von einem Unterhalt von zwei *koku*[35] leben. Ihr nächster Nachbar war Tokunaga Sanzaemon, der sich im Reichtum aalte.

Am fünfzehnten Tag im August, dem Festtag des dörflichen Schreines, wo der Vater der Ehefrau Kurokawa lebte, wollte deren Familie dem Heiligtum ihre Ehrerbietung erweisen. Um den Schrein und das Haus des Vaters der Ehefrau Kurokawa besuchen zu können, sollten sie aber unbedingt ein *kaya* oder Moskitonetz zurückbringen, das sie sich einst vom Vater geliehen hatten, dann aber als Sicherheitsleistung beim Nachbarn Sanzaemon lassen mußten, weil sie sich von ihm Geld geliehen hatten. Der Vater aber brauchte nun das Netz für die Besucher, die aus Anlaß des Festes über Nacht bei ihm bleiben wollten.

So ging Ko'uemon also zu seinem Nachbarn Sanzaemon und erklärte ihm die Angelegenheit, um sich für ein paar Tage das Moskitonetz leihen zu können. Sanzaemon aber wies das Anliegen brüsk zurück: »Es ist ganz unvernünftig von dir, dieses Pfand zurückzuverlangen, ohne mir auch nur einen Pfennig von dem Vermögen zurückzuzahlen, das ich dir einst geliehen habe. Darum bleibe fortan meinem Haus fern. Schreib mir eine Notiz, daß es dir nichts ausmacht, beim nächsten Mal, wenn du hierherkommst, von mir erschlagen zu werden.«

Ko'uemon, der zu späterem endgültigem Handeln entschlossen war, hinterließ tatsächlich eine solche Notiz mit seiner Unterschrift und begab sich nach Hause. Er vollzog den geplanten Besuch des Schreines, erledigte heimlich am siebenundzwanzigsten des Monats seine persönlichen Angelegenheiten, fertigte aus der ersten Reisernte am achtundzwanzigsten spät in der Nacht Reiskuchen und legte sie ans Bett seiner Kinder.

Ohne seiner Frau Bescheid zu geben, begab sich Ko'uemon dann zu Sanzaemon und brüllte durch ein Fenster seinen Groll gegen diesen heraus. Er verkündete, gekommen zu sein, um Sanzaemon zu erschlagen, und forderte diesen zu einem Duell heraus. Der jedoch hielt seine Haustür von innen fest verschlossen und blieb ruhig. Seine Tochter Ohichi sandte er geschwind zu seinem Bruder Yozaemon, der in einem Nebengebäude lebte. Yozaemon ging ums Haus herum und schwang hinter Ko'uemon sein Schwert, wobei er Ko'uemon seitlich am Kopf verletzte. Dieser wich zurück und nahm den Schwertkampf auf, der eine Weile andauerte. Yozaemon verwickelte sich in Reisstroh am Boden und fiel hin, Ko'uemon ebenfalls, doch konnte er dem Gegner in liegender Position eine Schnittwunde am Bauch beibringen. Dann kamen beide wieder auf die Füße und kämpften weiter, wobei Yozaemon den Streit zu verlieren schien und außerhalb des Tores getrieben wurde. Schließlich gelang es ihm aber doch noch, Ko'uemon zu erschlagen.

Ein Nachbar namens Shinsuke eilte zum Tatort und trug den toten Ko'uemon auf seinem Rücken in dessen Haus. Als sie den Aufruhr vernahm, rannte seine Ehefrau mit einer Sichel in der Hand hinaus, um ihren Gatten zu treffen. Beim Anblick des toten Körpers schleuderte sie die Sichel zu Boden und schrie: »Wie grauenhaft!« Dabei bleckte sie ihre Zähne. Sie nahm das Kurzschwert von Ko'uemon und lief zu Sanzaemons Haus. Dort rief sie nach ihm. Obwohl niemand antwortete, wurde plötzlich von innen eine Hellebarde herausgestoßen, um sie zu töten. Sie zerrte jedoch stark an der Hellebarde, wobei das Fenster zerbrach. Dann rannte sie hinein, schlug kräftig auf Sanzaemon ein und brachte ihm viele Wunden bei, bis Sanzaemons Hausdiener herbeieilten und sie töteten.

Der verwundete Yozaemon verschied am ersten September. Am vierten beging Sanzaemon *seppuku*.[36] Es heißt, daß sie beide im Komeji-Tempel bestattet wurden.

Yoshida Kichinosuke

Während der Herrschaft von Fürst Katsushige[37] adoptierte Kichinosuke, der dem Fürsten Masaie als Knappe gedient hatte, Ishida Keishun als seinen Sohn (wenn auch einige behaupten, dieser wäre eigentlich Kichinosukes eigener Bruder gewesen). Er machte ihn zum Vorsteher der Familie und setzte sich selbst zur Ruhe. Da Fürst Mimasaka sein Vertrauter war, besuchte Kichinosuke ihn häufig in dessen Residenz zu zwanglosen Plaudereien. Von Kichinosukes tiefer Einsicht bewegt, erbat Fürst Mimasaka stets im Vertrauen dessen Rat in ganz verschiedenen Angelegenheiten und sann darüber nach, wie er später Kichinosuke für eine wichtige Aufgabe wieder einstellen und mit einer großen Belohnung versehen könne.

Kichinosuke ahnte dies und verhielt sich fortan wie ein Narr. Er verkaufte seltsame Augentropfen, behielt den Besitz anderer Menschen als Pfand, lieh sich selbst Geld, tanzte *noh* auf den Straßen und hob den Saum seiner Kleider hoch, wenn er einen wilden Hund traf, während er sagte: »Ein Biß in die Beine heilt, ein Biß in die Kleider jedoch nicht.« All das verstärkte aber nur Fürst Mimasakas Entschluß, ihn wieder in den Dienst zu nehmen, denn der Fürst durchschaute den Samurai wohl.

Kichinosuke sah auch das voraus und benahm sich sodann wie ein hoffnungsloser Feigling. Er duckte sich unter einem *torii*[38], als würde es auf ihn stürzen, und schlief dicht am Graben, wobei er sprach: »Wenn ich von einem Mörder angegriffen werde, kann ich in den Graben springen, um mein Leben zu retten.« Sein wahres Herz verbarg er häufig hinter Sprüchen wie: »Besser ans Kreuz geschlagen zu werden, als bei einer Exekution geköpft; am Kreuz lebt man doch ein bißchen länger.« Oder: »Wenn man in eine Situation gerät, in der man tot oder lebendig keinen Ruhm erlangen kann, ist es besser, am Leben zu bleiben.«

Einmal stieß er auf seinem Weg in die Provinz Chikugo, wo er seine Augentropfen verkaufen wollte, auf eine Gruppe von Banditen, erschlug drei von ihnen und verwundete zwei, die flüchteten. Obwohl er niemandem davon erzählte, wurde der Vorfall bekannt. Die Menschen lobten ihn: »Was für ein Samurai!« Kichiemon antwortete: »Ich bin des Lobes nicht wert. Nur die Furcht brachte mich zu dieser Tat. Mir wurde klar, wenn ich die Räuber nicht tötete, würden sie mich umbringen. Ich tat es nur, um am Leben zu bleiben.« Solche Dinge passierten immer wieder. Er häufte Geld an, versteckte es auf dem Grund des Grabens, in Löchern der Hauspfeiler oder hängte es an einen Balken. So verbrachte er sein Leben hinter der Maske eines gierigen Feiglings. Später ließ er das Tor zu einem Tempel bauen und lebte in einer kleinen Hütte nahe des Mausoleums von Fürst Masaie bis ans Ende seiner Tage.

Als Großfürst Mitsushiges Herrschaft[39] begann, erbat Fürst Mimasaka den Rat von Kichinosuke: »Wie man mit der Verwaltung des Lehnswesens unter einem neuen Herrscher beginnt, ist von höchster Wichtigkeit. Dazu hat Großfürst Katsushige ein paar schriftliche Anweisungen hinterlassen, laß mich deine Meinung dazu hören.«

Als ein paar Abschnitte vorgelesen waren, merkte Kichinosuke an: »Das ist langweilig. Bitte, laß mich gehen.« Das brachte Fürst Mimasaka in Rage, woraufhin Kichinosuke sprach: »Obwohl ich dich für einen brauchbaren Clanführer hielt, taugst du zu nichts. Ich sage dir, warum.

Zuallererst muß ein Clanführer darauf achten, daß jeder Gefolgsmann des Clans den Großfürsten bewundert. Wenn du dieses Schreiben den Gefolgsleuten zeigtest, würden sie Fürst Katsushige dafür loben. Würde der Wille eines solchen Mannes gar zu einer Zeit bekannt, wenn die Tränen der ihm Nahestehenden kurz nach seinem Tod noch nicht getrocknet wären, würden die Samurai den Fürsten noch mehr verehren.

Die Gefolgsleute sind noch nicht an einen neuen Fürsten gewöhnt. Sie fragen sich, wie geschickt der neue Fürst wohl ist, der in Edo geboren wurde. Im Moment wird also wohl niemand sich dem neuen nahe fühlen, fürchte ich. Ein wahrhaft treuer Clanführer würde also besagtes Schreiben als eine Idee des neuen Fürsten ausgeben und niemals etwas über die wahre Herkunft verraten. Dann würden die beeindruckten Gefolgsleute zum ersten Mal zum neuen Fürsten aufschauen und ihn sogar höher schätzen als den vergangenen.« Da mußte Mimasaka zustimmen: »Du hast recht. Darum habe ich dir das Schreiben gezeigt.« Dann, so sagt man, zerriß er es.

Aus dem zehnten Buch

Ein Gefolgsmann rettet die Familienstammrolle

Die Stammbaum-Rolle der Sôma-Familie[40], bekannt als *Chiken-marokashi*[41], gilt als wertvollste in ganz Japan. Als im vergangenen Jahr die Residenz der Sôma durch ein Feuer niederbrannte, trauerte Fürst Sôma: »Ich vermisse weder das Haus noch die Dinge darin, die vom Feuer verzehrt wurden, denn sie können wiederhergestellt werden. Doch es ist eine Schande, daß der größte Familienschatz, unsere Stammbaum-Rolle, nicht gerettet werden konnte.« Ein anwesender Gefolgsmann antwortete: »Ich werde ins Feuer rennen und die Rolle herausholen.« Da brach Fürst Sôma mit allen anderen Gefolgsleuten in Gelächter aus: »Wie willst du die Rolle da herausholen? Das ganze Anwesen steht in Flammen.«

Der Gefolgsmann war für seine Ungeschicktheit bekannt und nicht besonders nützlich, stand aber aufgrund gewisser Umstände im näheren Dienst von Fürst Sôma. Er sprang geradewegs ins Feuer und rief: »Ungeschickt, plump und nutzlos wie ich war, habe ich schon lange auf eine Gelegenheit gewartet, dem Fürsten einmal von Nutzen zu sein. Nun ist der Augenblick gekommen!« Nachdem das Feuer abgeklungen war, befahl der Fürst: »Findet die Asche des armen Mannes, wenn etwas von ihm übrig ist.« Nach einigem Suchen fand man ihn verbrannt im Garten der Wohnbezirke. Als seine Leiche hochgehoben wurde, drang Blut aus seinem Bauch. In der Bauchhöhle steckte die Rolle, unversehrt. Sie wurde von da an »Blutrolle« genannt.

Wahrsagen

Ein Kommentar im *I-ching*, dem Buch der Wandlungen[42], lautet: »Es ist ein Fehler, das eigene Glück so zu erwarten, wie es Wahrsager prophezeien. Die Dinge entwickeln sich normalerweise nicht so, wie vorausgesagt wird. Das Schriftzeichen »*eki*« liest sich wie »*kawaru*« oder »Wandel«. Prophezeites Glück mag sich in Pech verwandeln, wenn ein Mensch etwas Böses tut. Umgekehrt kann prophezeites Unglück sich in Segen verwandeln, wenn ein Mensch Gutes tut. In seinen Analekten sagt Konfuzius: »Gebt mir ein paar Jahre, um endlich im Wahrsagen erleuchtet zu sein, dann werde ich von allen Fehlern frei sein.« Er wies dabei nicht aufs *I-ching* hin. Wenn ein Mensch den wahren Kern des Wahrsagens studiert und anderen Gutes tut, wird er keine Fehler machen.

Aus dem elften Buch

Wie man argumentiert

Bei einem Streit solltest du zuerst sagen »Du hast recht« und dein Gegenüber all seine Standpunkte erklären lassen. Wenn er in seiner Aufgebrachtheit einen Fehler macht, wende diesen gegen ihn und bringe so viele Argumente wie nötig.

Stotternd und häßlich

Zur Zeit des Angriffs auf die Tachibana-Armee[43] wurde Ôya Tarôzaemon von Fürst Naoshige zum Militärbevollmächtigten ernannt. Einen Tag vor dem üblichen Bogenschießen wurde er zur Yanagawa-Burg gesandt, um die Schlacht anzukündigen. Diejenigen, die dem Fürst nahestanden, leisteten ihm einstimmig Widerstand: »Der ist häßlich und stottert. Der taugt einfach nicht für diese Arbeit.« Der Fürst aber blieb hart und sagte: »Diese Arbeit hat nichts mit dem Aussehen dieses Mannes zu tun oder mit der Art, wie er die Botschaft überbringt. Sein männlicher Charakter genügt. Ich kenne seinen Kampfgeist schon lange.«

So begab sich Tarôzaemon zum Tachibana-Lager und verkündete stotternd: »W-w-wie b-befohlen, w-w-werden w-w-wir euch m-m-morgen angreifen. W-w-wenn ihr euch ergeben w-w-wollt, informiert b-b-bitte die b-beiden Inspektoren[44] so früh wie m-möglich.« Bevor die Tachibana-Seite antworten konnte, wurden deren Samurai vernommen, wie sie hinter einer Papiertür lästerten: »Welch eine weichherzige Nachricht! Denken die wirklich, unter solchen Umständen würden die Tachibana-Samurai sich ergeben? Der Gesandte sieht so abstoßend aus und kann nicht mal die Botschaft angemessen überbringen. Bestimmt hat der Nabeshima-Clan überhaupt keine brauchbaren Samurai.«

Nachdem er das klare »Nein« als Antwort auf sein Angebot vernommen hatte und sich anschickte, die Burg zu verlassen, sagte Tarôzaemon in seiner lauten, klangvollen Stimme: »Ich habe genau gehört, wie ihr über mich gelästert habt. In der Tat, das ist ein schwacher Stoß des Nabeshima-Speers. Morgen werde ich die Ehre haben, euch alle auf dem Schlachtfeld zu treffen und davon zu überzeugen, daß ich mich von dem unterscheide, was ihr über mich in der Sicherheit der Burg gesagt habt. Ihr habt zwar recht, daß ich häßlich bin und kaum geeignet als Gesandter, der Nachrichten überbringt. Ihr glaubt, daß ein gutaussehender und beredter Samurai nützlich ist. Wartet, bis ich euch morgen meinen Kampfgeist zeige. Bitte trefft diesen häßlichen Mann morgen wieder. Oder kommt näher, wenn ihr mich schon jetzt kämpfen sehen wollt. Ich wäre glücklich, wenn ich euch ein, zwei Schläge zeigen könnte.« Nach einer Weile kehrte er in sein Lager zurück.

Ein dreizehnjähriger Attentäter

Ein Kind, das im Dienst von Takeda Shingen[45] stand, verübte ein Attentat auf Tokugawa Ieyasus Leben. Fürst Shingen hatte ihm eine große Belohnung versprochen, wenn der Junge den Konkurrenten Ieyasu aus dem Weg räumte. Der Dreizehnjährige brachte es fertig, in den Dienst Ieyasus aufgenommen zu werden. Eines Nachts versuchte er, Ieyasu zu töten, als dieser gerade sein Schlafzimmer betrat. Doch Ieyasu sah den Angriff voraus und ließ den Attentäter festnehmen und verhören. Dieser gestand, woraufhin der Fürst sprach: »Ich hatte dich als herausragenden jungen Mann erkannt und deinen Dienst in meiner Nähe genossen. Deine Aufrichtigkeit beeindruckt mich sehr.« Dann sandte er den Jungen zurück ins Land Shingens.

Hänge bei einem Kampf nicht an deinem Leben

In einem Schwertkampf vergiß dein Leben und kämpfe. Wenn das auch der Gegner tut, ist er gleichwertig. Darüber hinaus hängt der Sieg nur von deiner religiösen Frömmigkeit und deinem Schicksal ab. Weiterhin laß niemanden dein Schlafzimmer sehen. Der Augenblick, in dem du in Tiefschlaf fällst, und der Moment des benommenen Aufwachens sind sehr gefährlich. *(Von Nagahama Inosuke erzählt.)*

Sorge dich nicht um Leben und Tod

Ein Samurai ist nutzlos, solange er sich um Leben und Tod Sorgen macht. Man sagt[46], Konzentration verbessere alle Fähigkeiten. Das klingt, als würde der Geist auf die Verbesserung eines Talentes gerichtet, bedeutet aber, sich nicht mehr um Leben und Tod zu kümmern. Danach sollte alles möglich sein. Künste und andere Arten der Unterhaltung bringen einen nur auf die Schwelle zum Weg des Samurai, aber keineswegs weiter.

Dein Kopf geht mit dem Helm

Ein Gruppenkommandant sagte einst: »Alle Samurai, außer den Befehlshabern, sollten lediglich die Vorderseite ihrer Rüstung überprüfen. Macht euch also keine Gedanken über das schöne Aussehen eurer Rüstung. Wählt bloß sorgsam einen hübschen Helm aus. Denn der könnte mit eurem Kopf ins Lager der Feinde übergehen.«[47]

Tabak in der Edo-Burg

In der Edo-Burg waren Kohlestücke und Tabak tabu. Eines Tages sagte jemand zum Staatsinspektor Miyake Bizen-no-kami: »Tabakrauch dringt herein und stinkt. Bitte geht dem nach.« Daraufhin antwortete Bizen-no-kami: »Meine Aufgabe ist es, die Angelegenheiten des Staates zu überwachen, und nicht, Gerüchen nachzugehen.«

Ehebruch

Im Juli des Jahres 1715 verließ Hashimoto Ômi[48] sein Haus, kehrte jedoch kurz darauf zurück, um ein Handtuch zu holen. Seine Frau war nicht mehr da. Er suchte nach ihr und fand sie in einem Wachhaus, hinter einer Papierwand im Bett mit einem Schmied in Ômis Diensten namens Ise-no-kami. Ômi rief nach ihm und schwang sein Schwert. Es schlug im Fensterbrett ein, woraufhin Ise-no-kami antwortete: »Wie du willst« und die Herausforderung annahm. Ômi erschlug ihn mit einem Streich und stellte seine davonrennende Frau. Sie bat ihn um ein Weilchen Zeit, um sich ankleiden zu können. Danach erschlug er sie an Ort und Stelle.

Schweigen ist Gold

Von höchster Wichtigkeit im Gespräch mit anderen ist, seine Zunge im Zaum zu halten. Wenn jemand eine Angelegenheit bereinigt haben will, ohne seinen Mund zu öffnen, soll er einfach nichts sagen. Wenn es aber nötig wird, Wichtiges zu äußern, sollte man sorgfältig nur wenige Worte wählen, die voller Vernunft klingen. Unnötig zu reden könnte Schmach über den Redner bringen und ihn den anderen für immer entfremden.

Soeben beförderte Gefolgsleute

Ein Gefolgsmann, der auf einen wichtigen Posten befördert wurde, neigt dazu, seinen Herkunftsnachweis zu ändern, um seine Familie wichtiger erscheinen zu lassen, und das Familienwappen auszutauschen. Andere können seine Motive leicht durchschauen. Wenn der Gefolgsmann seine Vorfahren von Herzen verehren würde, würde er im Privaten Dinge ändern. Wechsel von Familienwappen, Namen, Siegeln, Handschriften und anderen Dingen fallen jedoch anderen auf und sollten unterbleiben.

Kreisendes Gesäß

Ein Fürst unterhielt einmal einen Gast, der sich den Saké heiß und mit Reismalz an der Oberfläche wünschte. Da kam ein Knappe mit einer Blechkaraffe herbei, um den Saké zu wärmen, woraufhin der Gast ihn bat, »das Gefäß zu kreisen«. Der Knappe jedoch verstand »das Gesäß zu kreisen« und errötete hilflos. Als anwesende Gehilfen ihn drängten, der Bitte nachzukommen, ging er ein paar Schritte zurück und schwang seinen Hintern in Richtung Garten.

Der Saké, bekannt als *mizorezake*, wird normalerweise in einer Karaffe gebracht und serviert, nachdem man den Boden der Karaffe eine Weile hin- und hergeschwenkt hat. Eine Arbeit für einen Knappen ...

Aus dem Budô shoshinshû

Daidôji Yûzan (1639–1730) erlebte sechs Shôgune und diente als Gefolgsmann des Tokugawa-Hauses. Siebzehn Jahre lang war Yamaga Sokô, selbst Verfasser von Schriften über Bushidô, sein Lehrmeister. Einer von dessen Schülern, Ôishi Yoshio, starb als Führer der Gruppe der berühmten siebenundvierzig Rônin von Akô. Umgeben von diesen Koryphäen japanischer Kriegskunst wurde Daidôji inspiriert, Anweisungen für den bushi[49], den Krieger, zu verfassen, die althergebrachte Traditionen stärken sollten. Daidôji Yûzan entstammte einer Samurai-Familie, die sich auf den Clan von Taira Korehira (zehntes Jahrhundert) zurückführen ließ, daher auch sein Alternativname Taira Shigesuke. Sein Vorfahre in fünfter Generation war Shigetoki, ein herausragender Kriegsverwalter. Shigetoki übernahm den Namen Daidôji von dem Dorf, in dem er sich zur Ruhe setzte.*

---

* Daidôji Yûzan verfaßte auch das *Iwabuchi Yawa* (Abendgespräche in Iwabuchi), eine Serie von Anekdoten über Tokugawa Ieyasu, dessen Verbündete und Nachfolger und über die Stadt Edo, die sie aufbauten, sowie das *Taishôden* (Aufzeichnungen großer Kommandanten) und das *Goshinron* (Aufsätze über fünf Vasallen).

Den Tod bedenken

Bei Tag und Nacht, vom Neujahrsmorgen, wo er die Stäbchen in die Hand nimmt, um sein Frühstück zu essen, bis zum Jahresende, wo er seine Schulden begleicht, soll ein Samurai daran denken, daß er sterben muß. Wenn er sich dessen immer bewußt ist, wird er im Einklang mit dem Weg der Loyalität und Blutsbande sein, Myriaden von Mißgeschicken meiden, frei von Krankheit und Unglück bleiben und ein langes Leben genießen. Er wird sich zu einer wohlerzogenen Persönlichkeit mit vielen bewundernswerten Eigenschaften entwickeln. Unsere Existenz ist unbeständig wie der Abendtau und der Morgenreif, besonders ungewiß jedoch ist das Leben des Kriegers. Wenn er sich damit tröstet, seinem Fürsten ewig dienen und seinen Verwandten ewig ergeben sein zu können, kann es leicht passieren, daß er gerade seine Pflicht gegenüber dem Fürsten und die Verantwortung gegenüber seiner Familie vernachlässigt. Wenn er sich jedoch nur auf das Leben am heutigen Tag konzentriert und nicht an morgen denkt, wird er die Befehle seines Fürsten entgegennehmen, als sei es das letzte Mal. Und wenn er in die Gesichter seiner Verwandten sieht, wird er sich fühlen, als würde er sie niemals wiedersehen. Dann werden sein Dienst und seine Sorge um sie in beiden Fällen völlig gewissenhaft und sein Geist im Einklang mit dem Weg der Loyalität und Blutsbande sein.

Wenn der Samurai nicht an den Tod denkt, wird er sorglos und unbedacht Dinge aussprechen, die andere beleidigen. Kümmert sich niemand darum, mag das gut gehen, doch wenn ein anderer sich daran stört, kann das in einem Streit enden. Wenn der Samurai sich etwa ohne die rechte Zurückhaltung in Vergnügungsviertel begibt oder Sehenswürdigkeiten an belebten Plätzen besucht, kann er an einen Narren und unversehens in einen Streit geraten, ja sogar getötet werden, wodurch der Name seines Fürsten ebenfalls mit dem Zwischenfall verbunden würde und seine Eltern und Verwandten Vorwürfen ausgesetzt wären.

All das mag geschehen, weil der Samurai nicht den Tod in seinen Gedanken bewahrt. Berücksichtigt er jedoch den Tod, wenn er selbst das Wort ergreift oder anderen antwortet, wird er jedes Wort bedenken und keine sinnlosen Streitereien verursachen. Er wird auch niemandem gestatten, ihn an ungeeignete Orte zu locken, wo er plötzlich mit einer peinlichen Situation konfrontiert werden könnte. So vermeidet er Unannehmlichkeiten. Wenn Höhergestellte oder Untergebene den Tod vergessen, neigen sie dazu, Essen, Wein und Frauen im Übermaß zu genießen, so daß sie unerwartet früh an Krankheiten der Nieren und Wirbelsäule sterben oder noch während ihres Lebens nutzlos für andere werden. Wer sich den Tod vor Augen hält, wird stark und gesund sein, die Wege der Frauen meiden, maßvoll essen und trinken und enthaltsam in allen Bereichen sein, wodurch er frei von Krankheit bleibt und ein langes und gesundes Leben führen kann.

Jemand, der lange in dieser Welt lebt, mag alle Arten von Begierden annehmen, seine Habsucht mag so anwachsen, daß er das wünscht, was anderen gehört, und es nicht ertragen kann, sich mit dem zu begnügen, was er besitzt, wodurch er wie ein Händler wird. Wenn jemand aber stets dem Tod ins Gesicht blickt, wird er kaum materiellen Dingen anhängen und diese habsüchtigen Taten nicht ausführen. So wird er zu einem wohlerzogenen Charakter. Yoshida Kenkô[50] sagt im *Tsurezuregusa* über den Mönch Shinkai, daß dieser den ganzen Tag in Meditation gesessen und über sein Ende nachgesonnen habe. Das ist zweifellos eine angemessene Einstellung für einen Einsiedler, nicht jedoch für einen Krieger. Denn der würde seine militärischen Pflichten und den Weg der Loyalität und Blutsbande vernachlässigen, wo er doch im Gegenteil ständig mit seinen öffentlichen und privaten Angelegenheiten beschäftigt sein sollte. Wann immer er ein wenig Freizeit für sich findet und zur Ruhe kommen kann, sollte er zur Frage des Todes zurückkehren und sorgsam darüber nachdenken. Wurde nicht berichtet, wie Kusunoki Masashige seinen Sohn Masatsura beschwor, sich immer den Tod vor Augen zu halten? All das dient der Unterweisung insbesondere von jungen Samurai.

Erziehung

Der Samurai steht an der Spitze der drei Gesellschaftsschichten und ist für die Verwaltung verantwortlich, weswegen es seine Pflicht ist, wohlerzogen zu sein und ein breites Wissen vom Grund der Dinge zu haben. Während der Bürgerkriege zogen junge Krieger mit fünfzehn oder sechzehn Jahren aufs Schlachtfeld, weshalb ihre militärische Ausbildung schon mit zwölf, dreizehn beginnen mußte. Weil sie keine Zeit hatten, ein Buch zu lesen oder sich in Kalligraphie zu üben, waren sie oft ungebildet. Tatsächlich gab es zu dieser Zeit viele Samurai, die nicht ein einziges chinesisches Schriftzeichen schreiben konnten. Ob aus eigener Neigung oder durch falsche Anleitung ihrer Eltern, nichts wurde dagegen getan, weil ihr ganzes Leben dem Weg des Kriegers gewidmet war. Nun aber herrscht Frieden im Land, und obwohl man nicht behaupten kann, daß die Nachkommen der Samurai-Familien desinteressiert an militärischer Ausbildung seien, werden sie doch ganz sicher im Alter von fünfzehn, sechzehn in eine Kriegerlaufbahn gedrängt, genau wie die Samurai früherer Zeiten. Darum sollte ein Junge schon im Alter von sieben oder acht in die *Vier Bücher*, die *Fünf Klassiker* und die *Sieben Texte* eingeführt werden und Kalligraphie-Unterricht erhalten, damit er sich später erinnert, wie man schreibt. Mit fünfzehn oder sechzehn sollte er Bogenschießen, Reiten und all die anderen Kriegskünste erlernen. So sollte ein Samurai seine Söhne in Friedenszeiten erziehen. Für Analphabetentum gibt es in seinem Fall keine Entschuldigung wie einst für den Samurai in Bürgerkriegszeiten. Die Kinder dürfen nicht für einen Mangel an Erziehung gescholten werden. Daran ist nur die Nachlässigkeit und Unfähigkeit der Eltern schuld, die den wahren Weg der Zuneigung zu ihren Kindern nicht kennen.

Blutsbande

Ein Samurai sollte sein Verhalten auf einen starken Sinn für Blutsbande gründen. Wie talentiert, gescheit, beredt und schön jemand auch geboren sein mag, wenn er seiner Sohnespflicht nicht nachkommt, ist er nutzlos.

Bushidô, der Weg des Kriegers, erfordert ein korrektes Verhalten in jeder Hinsicht. Wenn man nicht unterscheidet, wird man nicht wissen, was richtig ist. Wer nicht weiß, was richtig ist, kann kaum ein Samurai genannt werden. Wer allerdings völlige Einsicht gewinnt, erkennt seine Eltern als Urheber seines Daseins und daß er Teil ihres Fleisches und Blutes ist. Gerade der Hang, uns selbst zu verwirklichen, läßt uns manchmal vergessen, daß unser Handeln elterlichen Ursprungs ist. Darum benötigt man Unterscheidungskraft in der Reihenfolge von Ursache und Wirkung.

Beim Erfüllen der Pflichten gegenüber den Eltern kennt man zwei Arten. Die erste betrifft Eltern, deren Einstellung ehrlich ist und die ihre Kinder mit aufrichtiger Freundlichkeit erziehen, ihnen den ganzen Besitz einschließlich eines überdurchschnittlichen Einkommens überlassen, ferner Waffen, Zaumzeug, Schätze aus dem Haushalt und die gute Ehen für sie in die Wege leiten. Wenn solche Eltern in den Ruhestand treten, ist es weder lobens- noch bemerkenswert, wenn sich ihre Kinder um sie kümmern und sie mit Bedacht behandeln. Selbst einem Fremden, der unser vertrauter Freund wird und uns hilft, fühlen wir uns zugeneigt und tun alles für ihn, auch wenn es unseren eigenen Interessen entgegenstehen mag. Wie stark muß da das Band der Zuneigung zu unseren Eltern sein? Wie viel auch immer wir für sie tun und dabei unsere Kindespflicht erfüllen mögen, wir kommen nicht umhin, solches niemals als ausreichende Gegenleistung zu empfinden. Das ist nur die gewöhnliche Kindespflicht und noch nichts Bemerkenswertes. Dann gibt es allerdings die Eltern, die unfreundlich und mürrisch sind und stets herumnörgeln, die darauf bestehen, daß der Hausstand ihnen gehört, und ihren Kindern nichts abgeben und die ohne Rücksicht auf ihre unzureichenden Mittel ständig aufdringlich Essen, Trinken und Kleidung fordern. Wenn sie andere Menschen treffen, sagen sie etwas wie: »Mein nichtsnutziger Sohn kümmert sich nicht um mich, darum muß ich mit allerlei Unannehmlichkeiten fertig werden. Ihr habt ja keine Vorstellung, was für eine schlimme Zeit ich auf meine alten Tage durchmache.« So reden sie vor Fremden schlecht von ihren Kindern. Selbst solch streitsüchtige Eltern müssen jedoch als Eltern behandelt, ihr böses Gemüt beschwichtigt und ihre Altersschwäche bedauert werden, ohne ein Zeichen des Ärgers zu zeigen. Sich für solche Eltern aufs äußerste anzustrengen ist wahre Kindespflicht. Und ein Samurai, der diesen Geist beim Antritt seines Dienstes für den Fürsten besitzt, wird den Weg der Loyalität genau verstehen und nicht nur verwirklichen, wenn sein Meister im Wohlstand lebt, sondern auch, falls dieser in Schwierigkeiten gerät. Er weicht nicht von der Seite seines Fürsten, selbst wenn dessen hundert Reiter auf zehn reduziert wurden und diese zehn auf einen, sondern wird ihn bis zum Schluß verteidigen und sein eigenes Leben verachten, womit er seine Treue als Krieger erfüllt. Die Begriffe »Eltern«, »Fürst«, »Sohnespflicht« und »Loyalität« werden zwar unterschieden, bedeuten aber eigentlich das gleiche. Die Alten sagten: »Sucht loyale Gefolgsleute unter denen, die ihren Eltern treu sind.« Wenn jemand seinen Sohnespflichten gegenüber den Eltern, von denen er doch abstammt, nicht gerecht wird, kann er nämlich kaum einem Fürsten aus reiner Dankbarkeit loyal dienen, wo ihn doch keine Blutsbande mit ihm verbindet. Wenn ein untreuer Sohn den Dienst für einen Fürsten antritt, wird er jeden Fehler seines Meisters kritisieren, und wenn er nicht mehr mit ihm einverstanden ist, einfach seine Verbindung zu ihm aufkündigen und in einem kritischen Augenblick sich davonmachen oder seinen Fürsten hintergehen, indem er zum Feind überläuft. Es gibt zu allen Zeiten Beispiele für solch unehrenhaftes Verhalten, das mit Abscheu gemieden werden muß.

Die vier Sektionen

Im *Bushidô* existieren zwei Bereiche und vier Sektionen. Die zwei Bereiche sind der gewöhnliche und der außergewöhnliche; der gewöhnliche ist in die zwei Sektionen der Beamten und Soldaten unterteilt, der außergewöhnliche in die zwei Sektionen der Armee und Kriegsangelegenheiten. Für die Sektion der Samuraibeamten gilt, daß sie morgens und abends ihre Hände und Füße waschen, ein heißes Bad nehmen und sich auf diese Weise sauberhalten müssen. Ein Samurai muß jeden Morgen sein Haar richten und das Haar über seiner Stirn angemessen kurz rasieren. Weiter muß er stets ein feierliches Gewand, das dem Anlaß angemessen ist, natürlich seine beiden Schwerter und einen Fächer in seinem Gürtel tragen. Wenn er einen Gast empfängt, muß er diesen mit der seinem Rang gebührenden Höflichkeit behandeln und von eitlem Geschwätz lassen. Selbst wenn er eine Schale Reis oder eine Tasse Tee nimmt, muß das wachsam und ohne Schlampigkeit geschehen. Wenn er außer Dienst ist, soll er sich nicht dem Müßiggang hingeben, sondern etwas lesen, Schreiben üben und seinen Geist mit alter Geschichte und den Ratschlägen der Kriegerfamilien füllen, sich kurzum also stets so verhalten, wie es einem Samurai angemessen ist.

Die nächste Sektion ist die der Soldaten. Sie behandelt die Übung des Schwert- und Lanzenkampfes, Reitens und des gleichzeitigen Schießens mit Bogen und Büchse sowie alles andere, was zur Kriegskunst gehört und mit Begeisterung studiert und geübt werden muß, so daß alle Soldaten diszipliniert und von entschlossenem Charakter sein werden. Wenn diese beiden Kodexe der Samurai und der Soldaten richtig verstanden wurden, ist der gewöhnliche Bereich damit erfüllt. Das würde den meisten Menschen als ausreichend für einen guten Krieger oder Beamten erscheinen. Doch ein Samurai ist ein Beamter unter außerordentlichen Bedingungen, und wenn sich das Land in Unordnung befindet, muß er die gewöhnlichen Regeln beiseite lassen und unter seinem Fürsten als Kommandant dienen, während die größeren und kleineren Gefolgsleute Beamte und Soldaten werden. Dann legen alle ihre festlichen Gewänder ab und ihre Ausrüstung an und nehmen die Waffen zur Hand, um ins feindliche Gebiet vorzudringen. Die verschiedenen Methoden, die Dinge bei solch einem Feldzug zu erledigen, sind als Kodex der Armee bekannt. Der Samurai muß ihn ebenso kennen wie den Kodex der Kriegsangelegenheiten, der die Methode darstellt, mit der Armee umzugehen, wenn sie in Kontakt mit dem Feind kommt und die Schlacht ausbricht. Wenn sich die Dinge planmäßig entwickeln, folgt der Sieg, wenn nicht, erleidet man eine Niederlage. Wer in allen vier Sektionen geschult ist, wird als erstklassiger Samurai bezeichnet. Nur in den beiden Sektionen des gewöhnlichen Bereichs erfahren zu sein, mag jemanden für die Aufgaben eines durchschnittlichen Soldaten qualifizieren, doch wer die außergewöhnlichen Sektionen nicht kennt, kann nicht Kommandant oder hoher Beamter werden.[51]

Der offensive Geist

Ein Samurai sollte bei allen Dingen niemals den offensiven Geist vernachlässigen. Unser Land unterscheidet sich von anderen, weil selbst Bauern, Händler und Handwerker irgendein rostiges Schwert tragen. Darin offenbart sich der Kriegergeist dieses Reiches Nippon. Diese drei Klassen stellen keine Berufssoldaten, doch in den Soldatenfamilien ist es selbst für den geringsten Diener üblich, niemals ohne Kurzschwert zu sein. Noch eher muß der höhere Samurai stets sein Schwert im Gürtel tragen. Einige besonders Eifrige nehmen gar ein stumpfes oder hölzernes Schwert mit ins Bad. Wenn das schon im Hause gilt, wie viel mehr dann, wenn man es verläßt, wo man doch auf dem Weg leicht einem Betrunkenen oder anderem Narr begegnen könnte, der plötzlich einen Streit anfängt. Es gibt ein altes Sprichwort: »Wenn du dein Haus verläßt, verhalte dich so, als sei ein Feind in Sicht.« Als Samurai, der ein Schwert im Gürtel trägt, darf man also niemals diesen offensiven Geist vergessen. Wenn man das tut, ist der Geist fest auf den Tod gerichtet. Doch der Samurai, der diesen aggressiven Geist nicht aufrechterhält, ist trotz des Schwertes in seinem Gürtel nichts als ein Bauer oder Kaufmann in der Haut eines Kriegers.

Einsiedler-Samurai

Von alters her ist es üblich, daß Samurai Einsiedler werden, und wahrhaftig besteht zwischen beiden viel Ähnlichkeit. Zum Beispiel gibt es unter Zen-Mönchen diejenigen, welche *zôsu* und *shuza* genannt werden und gewöhnliche Geistliche desselben Standes sind wie die Gefolgsleute der Militärklasse, die nur gewöhnliche Soldaten der Kompanien darstellen. Dann kommen die *tanryô* und *seidô*, einen Rang höher, die mehr oder weniger den *metsuke* oder Hauptmännern der Infanterie oder den Wächtern unter den Samurai gleichen. Unter den gleichen Einsiedlern findet man *chôrô* oder *oshô*, die farbige Roben tragen und Fliegenwedel in ihren Händen halten. Sie besitzen eine Autorität über die gewöhnliche Masse wie der Kommandant der Samurai oder der Infanterie oder wie die Sechs *bugyô* der Bogenschützen, die ihre eigene Flagge, ihren eigenen Wappenrock und Kommandostab tragen dürfen, der Armee Befehle erteilen und auf dem Schlachtfeld das Sagen haben.

Lediglich in bezug aufs Lernen scheinen mir die Gemeinschaften der Einsiedler denen der Samurai weit überlegen zu sein. Der Grund dafür ist die Gewohnheit der Mönche, ihre Lehrer zu verlassen und von einem Tempel zum anderen durchs Land zu reisen, um bei vielen unterschiedlichen Schulen zu studieren und Verdienst in der Übung der Meditation und Tugend anzusammeln. Wenn die Mönche dann *tanryô* und *seidô* oder gar *chôrô* oder *oshô* und zu Äbten großer Tempel und Klöster werden, zieren sie sich nicht ein bißchen, ihre Studien fortzusetzen, um einer weiteren Beförderung für würdig erachtet zu werden.

Diesen Lerneifer würde ich gern unter den Samurai entdecken. Doch selbst gewöhnliche Samurai, ohne Amt und im Außendienst, haben viel freie Zeit, ein relativ gutes Einkommen und sind mit dem Nötigen versorgt, so daß einige junge schon Frauen und Kinder haben, während ihre einzige Beschäftigung in Morgen- und Abendnickerchen zu bestehen scheint. Sie haben nicht einmal die beiden Sektionen des gewöhnlichen Bereichs der Samurai studiert, noch weniger wissen sie vom schwierigeren außerordentlichen Bereich; so verschwenden sie selbstgefällig Monate und Jahre, bis ihre Bärte weiß und ihre Köpfe kahl sind.

Wenn sie alt genug erscheinen, werden sie ihrer Ämter entbunden, und wenn sie dann zum Beispiel als *tsukaiban* oder Gesandte auftreten, suchen sie sofort die Hilfe eines Kameraden; wenn sie aber in entfernte Provinzen geschickt werden, sind sie wegen der Vorbereitungen auf die Reise aufgeregt und durcheinander und kaum zum Erfüllen ihrer Aufgaben fähig, während sie sich auf Anweisungen von Älteren verlassen und Bücher zu Rate ziehen, was man wirklich nicht als angemessen betrachten kann. Da die Aufgaben der Samurai im Grunde feststehen, sollten sie sich auf sie vorbereiten, wenn sie gerade nichts zu tun haben; wenn sie begabte und erfahrene Beamte treffen, sollten sie auf eitles Geschwätz verzichten und sie nach Dingen befragen, bezüglich derer sie Rat brauchen werden. Sie müssen sich mit allen Fakten vertraut machen und alte Bücher und Pläne sammeln und kopieren, damit sie über alle Punkte ihrer Aufgaben gut informiert sind und jeden Auftrag, den sie bekommen, leicht ausführen können. Wenn man von den Informationen der Älteren und Kameraden abhängt und seine

Pflichten nur mit deren Hilfe erfüllt, mag das für gewöhnlich ausreichen, doch in den seltenen Fällen, in denen Ungewöhnliches geschieht, mag man nicht in der Lage sein, Hilfe zu bekommen, und muß sich wohl oder übel auf seine eigene Fähigkeit verlassen können, ein Problem zu lösen. Ein Inspekteur der Streitkräfte muß Dinge kennen wie die Anzahl der Feinde, den besten Ort für ein Lager und das Aufstellen der Truppen, die Stärke der Burgen, Vorteile und Nachteile geographischer Gegebenheiten und die Wahrscheinlichkeit eines Sieges, weswegen von alters her diese Aufgabe als schwierig betrachtet wurde. Wenn ein Inspekteur sich verschätzen sollte, wird das meist nur ihm angelastet, während diejenigen mit einem Rang oberhalb des Infanteriekommandanten *(ashigaru taishô)*, die den Marschallstab schwingen und die tatsächliche Kontrolle über die Truppen ausüben, für das Leben aller Männer in der Armee verantwortlich sind. Darum ist es tadelnswert, sollten Männer diese hohen Ämter entehren, indem sie in ihnen herumstolzieren, ohne irgendein Wissen zu besitzen.

Das ist gerade so, als würde unter Zen-Mönchen einer, der seine Studien als Anfänger vernachlässigte, allein durch die Tugend seines kahlen Schädels und seiner Pensionierung in den Rang eines *chôrô* oder *oshô* erhoben, kostbare Roben und den Fliegenwedel tragen und Autorität über zahllose Glaubensbrüder besitzen. Würde einem unwürdigen Mönch solch hohe Bevorzugung auf unangemessene Art zuteil, wäre er das Gespött der ganzen Gemeinde und öffentlicher Schmach ausgesetzt, wonach er abdanken müßte und seinem Orden keinen Schaden mehr zufügen könnte. Doch mit Samurai, die zu ähnlich hohen Ämtern befördert werden und unfähig zum Befehlen sind, verhält es sich anders, denn sie setzen das Leben aller aufs Spiel, die unter ihnen stehen, und können damit große Verluste verursachen. Sie müssen daher sehr sorgsam studieren, wann immer sie Freizeit haben, um ein vollständiges Wissen der Bereiche von Armee und Krieg zu erwerben, weil sowohl Studium als auch Übung notwendig sind für den, der ein hohes Kommando innehat.

Richtig und falsch

Ein Krieger sollte richtig und falsch vollständig verstehen. Wenn er weiß, wie das eine getan und das andere vermieden werden kann, wird er *Bushidô,* den Weg des Kriegers, erreichen. Und richtig und falsch sind nichts anderes als gut und böse, wenn ich auch nicht verneinen würde, daß es zwischen den Ausdrücken einen kleinen Unterschied gibt. Recht zu handeln und Gutes zu tun ist schwierig und wird als ermüdend angesehen, während falsch zu handeln und Böses zu tun leicht und unterhaltsam ist, so daß natürlich die meisten Menschen sich letzterem zuwenden. Doch so wankelmütig zu sein und keinen Unterschied zwischen richtig und falsch zu machen steht der Vernunft entgegen, so daß jeder, der diesen Unterschied versteht und dennoch tut, was falsch ist, kein richtiger Samurai sein kann, sondern nur eine rohe und ungelernte Person. Die Ursache dafür ist eine zu geringe Selbstkontrolle. Das mag noch nicht so schlimm klingen, wenn wir jedoch genau hinschauen, erkennen wir Feigheit als deren Ursprung. Darum beharre ich darauf, daß es für einen Samurai wesentlich ist, dem Falschen fernzubleiben und am Richtigen festzuhalten.

Im Hinblick darauf, Richtiges zu tun, gibt es drei Abstufungen. Nehmen wir zum Beispiel einen Mann, der eine Reise antritt und seinem Nachbarn vorher einhundert *ryo* Gold anvertraut, die er nicht mittragen will. Dieser Mann erzählt sonst niemandem davon. Auf der Reise jedoch stirbt er an einer plötzlichen Erkrankung. Nun weiß niemand sonst von dem Gold. Doch der Nachbar informiert sofort aus Sympathie und Mitleid und ohne jeden bösen Hintergedanken die Verwandten, denen er alles Gold übergibt. Dieser Mensch hat wahrhaftig das Richtige getan.

Im zweiten Fall nehmen wir an, daß der Besitzer des Geldes nur ein paar Bekannte hatte und mit niemandem sonderlich vertraut war, so daß es überhaupt niemanden geben dürfte, der vom Gold wüßte oder danach auch nur fragen könnte. Wenn es nun dem Nachbarn wirtschaftlich nicht gerade gutginge, würde er das leicht als glücklichen Zufall ansehen können und sich nichts dabei denken, das Gold für sich zu behalten. Doch dann könnte eine plötzliche Scham in ihm aufsteigen, solch eine schmutzige Idee genährt zu haben, und er würde das Geld sofort zurückgeben. Das heißt, Richtiges aufgrund von Scham zu tun, die aus dem eigenen Geist entsteht.

Im dritten Fall weiß jemand im Haus von dem Geld, entweder ein Familienmitglied oder ein Hausdiener, und der Nachbar wäre besorgt, was diese Person von ihm denken oder über ihn in Zukunft sagen könnte. Darum gibt er das Gold zurück. Das heißt, Richtiges zu tun aufgrund von Scham, die mit anderen Menschen verbunden ist.

Hier fragen wir uns wohl, was er täte, wenn ganz sicher niemand etwas vom Gold wüßte. Doch können wir diesen Mann schwerlich jemanden nennen, der Richtiges tut, obwohl er nicht weiß, was das ist.

Die Regel für die Übung richtigen Verhaltens lautet, daß wir zuerst Scham vor unserer Familie, unseren Dienern und unseren Freunden, dann vor der Verachtung unseres weiteren Umfeldes von Bekannten und Außenstehenden empfinden und darum Falsches meiden und Richtiges tun sollten. Das wird dann ganz natürlich zur Gewohnheit, und nach einer Weile werden wir die Haltung einnehmen, Richtiges zu bevorzugen und Falsches zu verachten.

Auf dem Weg der Tapferkeit wird der, der mutig geboren wurde, sich nichts daraus machen, in die Schlacht zu ziehen und in ein heißes Feuer aus Pfeilen und Kugeln zu geraten. Der Loyalität und Pflichterfüllung ergeben, wird er seinen Körper zur Zielscheibe machen, voranpreschen und durch seine glänzende Tapferkeit ein unbeschreiblich vorbildliches Beispiel für alle Betrachter abgeben. Auf der anderen Seite mag es jemanden geben, dessen Knie zittern und dessen Herz stolpert, während er sich fragt, wie er sich in all der Gefahr angemessen verhalten soll; doch er hält durch, weil er sich schämt, daß er der einzige sein könnte, der unter den Augen seiner vorandrängenden Kameraden versagt, und weil er befürchtet, seinen Ruf in alle Zukunft zu verlieren. Auch wenn er dem tapfer Geborenen weit unterlegen sein dürfte, wird er sich nach einigen solchen Erfahrungen an diese gewöhnen, und schließlich wird sein Mut dadurch bekräftigt. Er wächst zu einem Krieger heran, der dem furchtlos Geborenen in keiner Weise unterlegen ist. Sowohl im Tun des Richtigen als auch im Schaffen von Mut gibt es keinen anderen Weg als ein Gefühl von Scham. Wenn Menschen behaupten, daß man Falsches tun könne und daß dies nichts ausmache, wenn sie beim Anblick eines Feiglings bloß lachen und sagen, daß dessen Mangel an Mut bedeutungslos sei – welche Mittel gibt es da noch, diese Menschen zu disziplinieren?

Tapferkeit

Für *Bushidô*, den Weg des Kriegers, sind die drei Eigenschaften Loyalität, rechtes Verhalten und Tapferkeit wesentlich. Wir sprechen vom loyalen Krieger, vom gerechten Krieger und vom tapferen Krieger, und wer diese drei Eigenschaften in sich vereint, ist ein Krieger der höchsten Klasse. Unter Myriaden von Samurai ist es jedoch selten, nur einen von dieser Art zu finden. Der loyale und der gerechte Krieger können unschwer unterschieden werden durch ihr gewöhnliches tägliches Verhalten, doch es darf bezweifelt werden, ob in einer Zeit des Friedens und der Ruhe wie der heutigen, so leicht der tapfere Krieger ausgemacht werden kann. Doch Tapferkeit zeigt sich nicht erst, wenn ein Mann seine Rüstung anlegt, Lanze und Hellebarde ergreift und in die Schlacht zieht. Man kann erkennen, ob er Mut hat oder nicht, während er auf den Matten sitzt und sein alltägliches Leben führt. Denn wer tapfer geboren wurde, wird seinem Fürsten gegenüber loyal und seinen Eltern ergeben sein, und sobald er Freizeit hat, wird er diese zum Studium nutzen und auch keineswegs die Übung der militärischen Künste vernachlässigen. Er wird wachsam gegenüber der Trägheit sein und sorgsam nachdenken, bevor er sein Geld ausgibt. Hält man das für ein Zeichen von Geiz, geht man fehl, denn er gibt freigebig, wann immer es nötig ist. Er tut nichts, was den Bräuchen seines Fürsten entgegensteht oder von seinen Eltern geringgeschätzt wird, wie sehr er sich das auch manchmal wünschen mag. Stets seinem Fürsten und seinen Eltern folgend, bewahrt er sein Leben in der Hoffnung, eines Tages eine Tat von herausragendem Verdienst zu vollbringen, hält sich beim Essen und Trinken zurück und vermeidet Übertreibungen in der körperlichen Liebe, der größten Wahnidee der Menschheit. So bleibt sein Körper gesund und stark. In diesen wie in allen anderen Dingen ist strenge Selbstkontrolle der Anfang der Tapferkeit.

Wer andererseits nicht mutig ist, wird dem Fürsten und seinen Eltern gegenüber nur oberflächlich loyal und pietätvoll erscheinen und ohne Absicht, dies auch zu bleiben. Gleichgültig gegenüber den Regeln seines Fürsten und den Abneigungen seiner Eltern, streunt er rücksichtslos herum, wo er nicht sein sollte, macht, was er nicht tun sollte, und folgt zuallererst immer seiner eigenen Neigung. Er liebt es, am Morgen und Nachmittag zu schlafen und studiert besonders ungern. Über die Militärkünste weiß er zwar alles, übt sich jedoch nicht darin, sondern gibt mit Fähigkeiten an, die er nicht besitzt, und ist voller Begeisterung für irgendwelche Torheiten. Er verpraßt alles mögliche Geld für luxuriöse Feste, verschwendet seine Zuschüsse und verpfändet seinen Lohn ohne die geringste Voraussicht. Doch da, wo er etwas investieren sollte, ist er geizig und wird sich nicht darum kümmern, den zerkratzten Lack und die gebrochenen Kordeln der Rüstung zu reparieren, die er von seinem Vater geerbt hat. Noch weniger wird er irgendeinen neuen Anzug kaufen oder Ausrüstung fürs Pferd, um Abnutzung auszugleichen. Seine Gesundheit ist zu angegriffen, als daß er seinem Fürsten dienen könnte, und er bedenkt nicht, welche Sorgen und welchen Ärger das seinen Eltern verursacht. Er ißt und trinkt zuviel und übertreibt in sexuellen Belangen. Dieses Auf- und Verbrauchen seiner körperlichen Kräfte und Langlebigkeit geschieht aufgrund seines schwachen und unerzogenen Geistes, der nicht zur Selbstkontrolle fähig ist. Wir werden nicht weit fehlgehen, wenn wir das als Quelle der Feigheit in einem Samurai diagnostizieren. Auf diese Weise also kann der Mutige vom Kleinmütigen unterschieden werden, selbst wenn er nur zu Hause auf den Matten sitzt.

Respekt

Die beiden Wege der Loyalität und kindlichen Pietät sind nicht auf Samurai beschränkt. Sie obliegen auch Bauern, Handwerkern und Kaufleuten. In diesen Klassen mag beispielsweise ein Kind oder ein Diener mit gekreuzten Beinen oder Armen bei seinen Eltern oder dem Fürsten sitzen, im Stehen mit ihnen sprechen, während sie sitzen, oder verschiedene andere unhöfliche Dinge tun, ohne daß es etwas ausmacht. Wenn dieses Kind oder ein Diener nur aufrichtig in ihrer Ergebenheit sind und den Fürsten oder die Eltern wahrhaft schätzen, ist das schon alles, was in jenen drei Klassen erwartet wird. Doch im Einklang mit dem *Bushidô*, dem Weg des Kriegers, bewegt sich nur, wer, wie loyal und pietätvoll auch immer in seinem Herzen, die richtige Etikette und die Verhaltensweisen an den Tag legt, mit denen man den Respekt gegenüber Fürst und Eltern bezeugt. Selbst wenn man sich außerhalb ihrer Sichtweite und im Privaten befindet, darf man darin nicht nachlassen und nicht Licht und Schatten in die Loyalität und Sohnespflicht eines Kriegers dringen lassen.

Wo auch immer der Samurai sich ausruht oder zum Schlafen niederlegt, seine Füße sollten niemals nur einen Augenblick lang in die Richtung seines Fürsten weisen. Wenn er irgendwo einen Strohballen aufstellt, um Bogenschießen zu üben, dürfen die Pfeile niemals dort niederkommen, wo sich sein Fürst aufhält. Auch die Spitzen seiner Lanze und seiner Hellebarde dürfen niemals in diese Richtung weisen, wenn er sie ablegt. Beim Gespräch mit seinem Fürsten soll der Gefolgsmann stets aufrecht sitzen.

Andere Dinge, die auf einen Mangel an Bedachtsamkeit hinweisen, sind das Richten der Ellbogen auf den Platz, an dem sich der Fürst befindet, einen Brief der Eltern wegzuwerfen oder zu zerreißen oder einen Teil davon zum Reinigen einer Pfeife oder einer Nachtlaterne zu benutzen. Menschen von solcher Mentalität sprechen auch schlecht von ihrem Fürsten, wenn sie Fremden begegnen. Wenn irgend jemand, auch ein völlig Fremder, zu ihnen kommt und geschickt auf sie einredet, werden sie dankbar und geben ohne Zögern eine Menge Skandale ihrer Eltern oder älterer Brüder zum besten. Sie werden zweifellos eines Tages von ihrem Fürsten bestraft oder von anderem Unglück heimgesucht, und ihr Ende wird einem Krieger nicht gut anstehen. Selbst wenn sie weiterleben, wird ihre Existenz wertlos sein und sicher kein normales Dasein in Frieden und Wohlstand.

Früher lebte im Keichô-Gebiet ein mutiger Krieger namens Kani Saizô, ein Kommandeur der Infanterie unter Fukushima Saemon-taiyu Masanori, der Tag und Nacht die Eisenbrücke der Burg von Hiroshima in Aki bewachte. Als er alt war, fiel er oft während seines Dienstes in Schlaf. In einer solchen Situation kam ein Knappe von Masanori und brachte einen jungen Falken mit der Nachricht vorbei, er sei ein Geschenk seines Fürsten. Saizô sprang sofort auf, legte sein *hakama*[52] an, wandte sich dem Falken zu und nahm ihn entgegen, während er ankündigte, unverzüglich beim Fürsten vorbeizukommen, um ihm Dank zu sagen. Dann fuhr er fort: »Und was dich angeht, wenn du mein Sohn wärst, sollte ich dich einen dummen Narren schimpfen, denn wenn du eine Nachricht vom Fürsten überbringst, mußt du das gleich zu Beginn sagen, so daß ich mich darauf vorbereiten kann und sie mir nicht ohne Vorwarnung übermitteln, wenn ich ein Schläfchen halte wie gerade eben. Gut, daß du nicht mein Sohn bist, als Knappe weißt du es wohl nicht besser, und ich muß das entschuldigen.« Bestürzt durch diesen Tadel, rannte der Junge davon und erzählte seinen Kameraden von der Begebenheit. Nach einer Weile erfuhr Masanori selbst davon. Also rief er nach dem Knappen und befragte ihn. Als dieser die Geschichte bestätigte, sagte der Fürst: »Saizô hatte recht, über so viel Tölpelhaftigkeit wütend zu werden. Ich wünschte, alle Samurai in Aki und Bizen hätten seinen Geist, weil es dann nichts gäbe, was sie nicht tun könnten.«

Reitkunst

In alten Zeiten sahen hohe wie niedere Samurai Bogenschießen und Reitkunst als wichtigste militärische Kunst an; neuerdings bevorzugen sie die Übung mit Schwert und Lanze und erst danach das Reiten. Für den jungen Samurai ist es angemessen, sich täglich im Schießen des Bogens und der Büchse zu üben, im Schwertziehen, *Jujutsu*[53] und anderen Kampfsportarten, weil er, wenn er älter wird, nicht mehr die Zeit dazu finden wird.

Ich wünsche mir, daß junge Samurai der Reitkunst besondere Aufmerksamkeit zuteil werden lassen, vor allem den Pferden, die Fehler haben und nicht geritten werden wollen. Gute und leicht zu reitende Pferde sind nämlich selten, weil sie von Hochrangigen in Anspruch genommen werden und in den Ställen kleiner Leute nicht zu finden sind. Doch wenn ein Mann ein guter Reiter ist und ein Pferd entdeckt, das etwas taugt, aber einen kleinen Makel oder eine schlechte Angewohnheit hat oder gerne seinen Reiter abwirft, dann kann er es für einen vernünftigen Preis erwerben und durch die Zuteilung für sein Pferd seine Position verbessern. Punkte wie die Farbe oder Qualität des Pferdefelles bedeuten nur den Hochrangigen etwas; der niedrigere Gefolgsmann kann ein Tier nicht ablehnen, nur weil er dessen Farbe nicht mag oder denkt, dessen Mähne sei armselig. Wenn es ein gutes Tier ist, sollte er es kaufen und behalten.

Vor langer Zeit lebte in der Provinz Shinano ein gewisser Kakuganji aus dem Hause Murakami, der eine Truppe von dreihundert Reitern befehligte, die alle gute Bogenschützen waren. Er machte es zur Familientradition,

Pferde auszuwählen, die andere aufgrund eines Makels im Aussehen abgelehnt hatten. Er behelligte seine Männer nicht mit Übungen auf der Rennbahn, nahm aber fünfzig oder hundert von ihnen mit auf den rauhen Untergrund um die Burgstadt herum, ritt selbst voran und führte sie über Stock und Stein in alle Richtungen des Landes. Seine Männer hüpften in ihren Satteln auf und nieder, während ihre Pferde hart dahingaloppierten, und sie erwarben sich einen guten Ruf als Reiter. Selbst Takeda aus Kai lernte, diese Männer aus Shinano als Gegner zu betrachten, denen man sich nicht ungestraft widersetzen konnte; das war eine wichtige Anerkennung von Kakuganjis Übungsmethode.

Das Pferd, das ein Soldat für den Krieg braucht, sollte etwa zweieinhalb bis siebeneinhalb Zentimeter über der Durchschnittsgröße sein, mit gewöhnlichem Kopf und Rumpf gemäß der Tradition. Für einen kleineren Gefolgsmann ohne Ersatzpferd sollte sein einziges Tier ausgesprochen groß sein, und ein großer Kopf sollte ihn nicht abschrecken, ein breites Hinterteil von der Art, die man »Zweimeter-Rumpf« nennt, erfreuen. Doch an unnatürlichen Tricks gefallen zu finden wie dem Strecken der Sehnen in den Haxen, um einen weiteren Schritt zu erzielen, oder das Zerschneiden der Sehnen im Schwanz, um dessen Aufrichten zu verhindern, beweist einen Hang zu Absonderlichem, der nicht mit dem *Bushidô* in Einklang steht. Ein Pferd mit unnatürlich gestreckten Sehnen wird schnell müde und ist auf einer langen Reise durch Berge und Flüsse nutzlos. Einem Pferd mit durchtrennten Schwanzsehnen verrutscht der Riemen leicht, wenn es über einen Graben oder Kanal springt. Ein zu breites Hinterteil wiederum taugt nicht für einen schmalen Pfad.

Für einen Krieger gibt es zwei Wege, Pferde zu betrachten, einen guten und einen schlechten. Der Krieger alter Zeiten sah sein Pferd als unverzichtbares Transportmittel an, wenn er in schwerer Rüstung, mit Banner und Kriegsgerät unterwegs war, die er niemals auf seinen zwei Beinen allein hätte tragen können. Da das Pferd verwundet oder gar getötet werden konnte, hatte er großes Mitleid mit ihm und achtete stets darauf, daß es genügend Futter bekam. Heute denken die Menschen allerdings daran, ein mangelhaftes Pferd für wenig Geld zu kaufen und seine Fehler zu korrigieren oder ein Landfohlen auszuwählen und abzurichten, so daß sie es mit Profit an einen Liebhaber verkaufen können. Das ist die Mentalität eines Pferdehändlers, doch ein armseliges Maß für einen Kenner.

Die Kriegskünste

Ein Samurai sollte sich, selbst als niederer Gefolgsmann, einen angemessenen Lehrer suchen und die traditionellen Kriegskünste studieren, so daß er alles darüber lernt, was man wissen kann. Einige mögen einwerfen, für einen niederen Gefolgsmann sei das unnötig, doch das halte ich für kurzsichtig, wo doch zu allen Zeiten zahlreiche Krieger von niederen Positionen aufstiegen und sich einen Namen als große Generäle machten oder Fürsten von Distrikten und Provinzen wurden. Auch heute halte ich es nicht für unmöglich, daß ein kleiner Vasall zum Kommandanten einer Armee wird. Das Studium der Kriegskünste wird jemanden, der sowieso schon klug ist, noch klüger machen und einen, der irgendwie dumm geboren wurde, doch weniger dumm sein lassen. Darum sollten sich alle Samurai diesem Studium hingeben.

Man kann jedoch auch üblen Gebrauch davon machen, wenn man sich selbst anpreist und andere mit einer Menge hochtrabender und falscher Argumente verächtlich macht, die die Jungen nur in die Irre führen und ihren Geist ruinieren. Solche Menschen pflegen wortreiche Reden, die richtig und angemessen erscheinen, obwohl es doch nur um den Effekt und den eigenen Vorteil geht, so daß als Ergebnis die Zerrüttung ihres Charakters und der Verlust des Samurai-Geistes folgen. Dieser Fehler entsteht aus einem abergläubischen Studium des Gegenstandes. Wer damit beginnt, sollte also nicht auf halbem Wege stehenbleiben, sondern fortfahren, bis alle Geheimnisse verstanden sind, dann zu früherer Einfachheit zurückkehren und ein ruhiges Leben führen.

Wer auf halbem Wege stehenbleibt, kann der Verwirrung anheimfallen. Mit früherer Einfachheit meine ich ihre Einstellung, bevor sie mit dem Studium der Kriegskünste begannen. In einem alten Sprichwort heißt es, daß Sojasoße, die nach Sojasoße schmeckt, nicht gut sei. So verhält es sich auch mit militärischen Pedanten.

Haushaltsführung

Wenn ein Samurai an seiner Frau etwas feststellt, was ihm nicht gefällt, sollte er sie durch vernünftige Argumente zur Einsicht bringen, bei Streitigkeiten aber nachsichtig und geduldig vorgehen. Wenn ihre Einstellung dauerhaft schlecht bleibt und er zum Schluß kommt, daß sie von keinem Nutzen mehr ist, kann er sich unter diesen außerordentlichen Umständen von ihr trennen und sie zu ihren Eltern zurückschicken.

Wenn er das nicht tut und sie als Ehefrau behält, die von Menschen respektvoll mit *okusama* und *kamisama* angeredet wird, er sie aber anschreit und mit allen Arten unflätiger Ausdrücke beschimpft, so verhält er sich auf eine Weise, die Kulis angemessen ist, welche in den Gassen hinter den Geschäftsvierteln hausen, nicht jedoch einem Samurai, der einen Kavalier darstellt. Noch weniger paßt es zu einem Samurai, das Schwert zu ergreifen oder seine Frau mit geballter Faust zu bedrohen, eine abscheuliche Sache, die nur ein feiger Samurai in Erwägung zöge. Auch ein Mädchen, das in das Haus eines Kriegers geboren wurde und ins heiratsfähige Alter kommt, würde, wäre sie ein Mann, niemals nur einen Moment tolerieren, von irgend jemandes Faust bedroht zu werden. Nur weil sie als Frau geboren wurde, wird sie Tränen vergießen und sich das gefallen lassen. Ein tapferer Samurai schikaniert niemanden, der schwächer ist als er selbst. Wer jedoch das liebt und tut, was ein tapferer Mann haßt und meidet, wird zu Recht als Feigling bezeichnet.

Verwandte

Für gewöhnlich werden unter Bauern und Kaufleuten die Kinder älterer und jüngerer Brüder und die von verheirateten Schwestern als Neffen angeredet und auf die gleiche Art behandelt, doch unter Samurai ist das anders. Nehmen wir zum Beispiel den Sohn des älteren Bruders, der Erbe ist – obwohl auch Neffe, wird er als älterer Bruder respektiert und mit entsprechender Achtung behandelt, denn er ist ja selbst mutmaßlicher Erbe. Diese Behandlung beruht also darauf, daß er den Gründer der Familie aus der Vorzeit repräsentiert. Was den zweiten und dritten Sohn angeht, so reichen gewöhnliche Beziehungen zwischen Onkel und Neffen aus, wie man sie zu den Söhnen jüngerer Brüder pflegt. Die Kinder der Schwestern sind ebenfalls Neffen, doch weil sie Beziehungen außerhalb der Familie aufweisen, ist es in Ordnung, auf gewöhnliche Art mit ihnen zu verkehren, sowohl in Worten wie auch im Schriftverkehr, und sie ein wenig auf Distanz zu halten. Neffen und jüngere Brüder sowie die eigenen Kinder müssen natürlich genauso behandelt werden, wenn sie zur Adoption freigegeben wurden. Ob man sie privat trifft oder sich mit ihnen bei Familientreffen austauscht, Grüße sollten von formeller und distanzierter Natur sein so wie bei Menschen außerhalb des Hauses und der Familie, die einem nicht nahestehen. Wenn man sie noch als Sohn oder jüngeren Bruder behandelt, nachdem sie schon in ein anderes Haus gezogen sind, wird es so aussehen, als hätte man sie lieber bei sich behalten; diese Einstellung wird vom Adoptivvater und der anderen Familie als verweichlicht angesehen. Da der Adoptivvater aber sicher kein Verwandter sein wird, könnte es wiederum im Falle von Problemen in dessen Familie und bei ungewisser Nachfolge angemessen sein, einen Sohn oder jüngeren Bruder erneut als solchen zu behandeln, ihm zu helfen und ihn nicht aufzugeben.

Wenn man seine Tochter in eine andere Familie verheiratet, sie einen Sohn bekommt und ihr Ehemann stirbt, so daß der kleine Enkel als Erbe zurückbleibt, werden Angelegenheiten des Besitzes mit Verwandten des Schwiegersohnes zu klären sein. Dann kommt es wesentlich darauf an, diese Verwandten beispielsweise von zehn Punkten acht oder neun entscheiden zu lassen. Wenn der Ehemann noch am Leben ist, es der Familie schlechtgeht und sie ihren Verwandten zur Last fällt, kann man nur schwer davon Abstand nehmen, seiner Tochter in diesen Schwierigkeiten beizustehen; dann ist Hilfe durchaus angemessen.

Sparsamkeit

Samurai im Dienst, sei dieser groß oder unbedeutend, müssen stets Sparsamkeit üben, so daß sie kein Defizit bei ihren Haushaltsausgaben schaffen. Wenn diejenigen mit hohem Einkommen entdecken, daß sie über ihre Verhältnisse leben, können sie das schnell ändern, indem sie sorgsam hier ein bißchen sparen und sich dort ein wenig einschränken; so sind sie bald wieder flüssig. Wenn jedoch ein kleiner Gefolgsmann versucht, wie ein großer Vasall zu leben, auf diese Weise unnötige Ausgaben verursacht und sich in Schwierigkeiten bringt, kann er sich davon nicht erholen, weil er nichts hat, auf das er zurückgreifen könnte; je mehr er seine Finanzen richten will, desto mehr verstrickt er sich darin, bis er schließlich völlig ruiniert ist.

Die häuslichen Angelegenheiten der Menschen sind zwar ihre Privatsache. Jemand wird im Dienst vielleicht handeln wie seine Kameraden und die nötigen Ausgaben besorgen, dabei freilich jeden möglichen Trick anwenden

– selbst Dinge sagen, die nicht ausgesprochen werden sollten, und Dinge tun, die nicht getan werden sollten – weil finanzielle Schwierigkeiten ihn plagen, die selbst Menschen von hohem Ansehen zu unaufrichtigen Taten verleiten, welche ihnen ansonsten fremd sind.

Man muß also einen festen Entschluß treffen, nur gemäß der eigenen Mittel zu leben und sorgfältig unnötige Ausgaben zu vermeiden. Das Geld nur für etwas auszugeben, was notwendig ist, wird der Weg der Wirtschaftlichkeit genannt. Dabei muß ein Punkt beachtet werden: Nur über Wirtschaftlichkeit zu reden und gar nichts ausgeben zu wollen, überall bloß zu sparen und abzuschöpfen und sich darüber zu freuen, eine Münze auf die andere stapeln zu können heißt, eine Mentalität anzunehmen, die sich der Gewinnsucht verschreibt, wodurch man schließlich jeden Sinn für das rechte Maß dessen verliert, was getan oder nicht getan werden sollte. Menschen dieser Art büßen ihre Instinkte ein, außer dem des Hortens. Was sie praktizieren, ist Geiz und nicht Wirtschaftlichkeit. Wie es auch mit Bauern und Händlern sei, Geiz in einem Samurai muß so verabscheut werden wie das Wegwerfen der *Drei Heiligen Schätze*. Wenn er all das vorhandene Geld vor seine Aufgaben stellt und es nur widerwillig ausgibt, wie widerwillig wird er da sein weitaus kostbareres Leben aufzugeben bereit sein? Darum sagten die Alten, daß in China Geiz als Synonym für Feigheit galt.

Hausbau

Für einen Samurai ist es angebracht, sein Tor, das Wachhaus, die Veranda, den Eingang und das Empfangszimmer so stilvoll zu gestalten, wie es seinem Einkommen entspricht. Zu jeder Burgstadt kommen Menschen von überall her bis zu den Gräben, um sich umzuschauen, und wenn die Häuser der Samurai von außen einen guten Eindruck machen und innen ruhig und würdevoll erscheinen, wird das ihrem Fürsten wie ihnen selbst hoch angerechnet. Andererseits sollten die inneren Bezirke des Hauses, wo Frau und Familie leben, als ausreichend betrachtet werden, so unansehnlich sie auch seien, wenn sie nur den Regen abhalten, denn es ist am wichtigsten, daß man so wenig wie möglich für Reparaturen ausgibt. In dieser unsicheren Welt muß der Fürst einer Burg eine Belagerung bedenken, so daß die Häuser der Samurai innerhalb der zweiten und dritten Bezirke niedrig, von geringer Tiefe und billig gebaut werden müssen.

Die Samurai, die im äußeren Bezirk leben und vielleicht ihre Häuser im Notfall verbrennen und aufgeben müssen, sollten überhaupt nichts Beständiges bauen, sondern die leichtestmögliche Konstruktion, die gerade mal Schutz zum Schlafen bietet. Selbst in dieser friedvollen Zeit wird ein Samurai, der sein *Bushidô* unbefleckt halten will, sein Haus gewiß nicht für eine dauerhafte Bleibe halten oder einen Gedanken an irgendwelche ausgefallene Dekoration verschwenden. Wenn es einmal Feuer fängt, muß man außerdem schnell wieder einen neuen passenden Schutz errichten können, so daß jeder, der das nicht vorausplant, sondern zuviel Geld in den Hausbau steckt oder sich sogar mit Freuden dafür verschuldet, als einer angesehen werden kann, dem der Sinn für die Zweckmäßigkeit der Dinge fehlt.

Waffen

Jeder Samurai im Dienst muß einen ausreichenden Vorrat an Waffen besitzen. Jeder Clan hat seine militärischen Regeln, und passende Banner, Fahnen und Helminschriften, Lanzengriffe, Ärmelabzeichen und Brandzeichen auf den Lasttieren müssen gemäß den Anweisungen des Fürsten in einheitlicher Form gewährleistet sein. Wenn sie in Eile improvisiert werden, ist das ein offensichtliches Zeichen von Nachlässigkeit und wird Verachtung provozieren. Menschen, die aus Nachlässigkeit gegenüber diesen Insignien aus ihren eigenen Reihen angegriffen und getötet wurden oder Verluste erlitten, kennt man in der Geschichte des Militärs genug. Darum gibt es hier keinen Raum für Schlamperei.

Einige mögen glauben, daß ihre Diener niemanden niederschlagen müssen, und deshalb die Schwerter durch Holz oder Bambus ersetzen. Oder die Diener tragen kein Lendentuch, weil sie denken, das sei unnötig. Wegen ihres Mangels an Voraussicht bringen sie sich so in Schwierigkeiten. Ein Samurai, der ein Ritter ist und einen beträchtlichen Lohn erhält, aber nicht weiß, wann er aufs Schlachtfeld ziehen muß, so friedlich die Zeiten auch erscheinen mögen, ist noch viel verantwortungsloser, wenn er sich selbst nicht mit den Waffen versorgt, die er schon seinen Dienern vorenthält. Aus Furcht vor Schande sollte er sich die passende Ausrüstung zulegen.

Wenn ein niederer Gefolgsmann sich mit Waffen ausstatten möchte und beispielsweise drei Stück Gold hat, um sich etwas zu kaufen, wäre es am besten für ihn, zwei Drittel davon auf Rüstung und Helm zu verwenden und den Rest für all die anderen Dinge wie Unterwäsche, Reithosen, Jacke, Obergürtel, Waffenrock, Peitsche, Fächer, Geldbörse, Mantel, Wasserflasche, Tasse und so weiter, so daß er alles hat, was er neben seiner Rüstung noch braucht. Auch wenn er jung und sehr stark sein mag, sollte er schwere Anzüge, dicke Eisenwaffen und gewichtige Banner und Standarten meiden, denn sie werden, auch wenn sie in seiner Jugend noch duldbar sind, im Alter ihm eine Last werden. Und selbst ein junger Mann kann krank oder verwundet werden, dann wird die leichteste Eisenwaffe zu einer schweren Bürde und einem Hindernis. Wenn aber ein junger Mann wegen des Gewichtes seiner Banner und Standarten bekannt ist, wird es ihm schwerfallen, sie aufzugeben, wenn er alt und unfähig wird, sie aufrecht zu halten.

Über die Ausstattung von Dienern

Ein niederer Gefolgsmann sollte auch bei außergewöhnlichen Gelegenheiten nicht mit vielen Dienern losziehen, weshalb er auch nicht mehr als eine Lanze benötigt. Wenn diese beschädigt wird, ist sie normalerweise ohne Ersatz. Darum sollte er eine Lanzenspitze bei sich haben, die er zwischenzeitlich benutzen kann, indem er sie an einem Bambusschaft befestigt. Wenn die Lanze nur ein wenig beschädigt ist, kann sie durch ein langes, fest geschmiedetes Schwert ersetzt werden, das von Gehilfen getragen wird. Die jungen Knappen können eine *Domaru*-Rüstung mit einem eisernen Helm tragen und die niederen Diener und Gehilfen einen *Munekake*-Kopfschutz mit einem Tuch um ihren Kopf oder einen eisernen Hut, denn ein niederer Gefolgsmann sollte seine Männer nur mit leichter Rüstung versehen. Wenn es zu einem Schwertkampf kommt und man Rüstung und Helm trifft, wird die Schneide des Schwertes sicher in Mitleidenschaft gezogen und sollte besser ersetzt werden. Die alte kann dann vom Knappen benutzt werden, der sie wiederum an den Sandalenträger oder Stallknecht weiterreicht.

Schulden

Da Samurai Beamte sind, deren Aufgabe darin besteht, Rebellen zu töten und den drei Klassen von Menschen Frieden und Sicherheit zu bringen, darf auch der Geringste unter diesen Kriegern niemals Gewalt oder Ungerechtigkeit gegen diese drei Klassen walten lassen. Er darf also nicht mehr Abgaben verlangen, als für die Bauern üblich sind, oder sie durch erzwungene Dienste auslaugen. Er darf weder Dinge von den Handwerkern bestellen und sie dann nicht bezahlen noch Sachen von Städtern und Händlern verlangen und sie dann auf ihr Geld warten lassen. Auch ihnen Geld zu leihen und dann Zinsen zu nehmen ist nicht recht. Man sollte stets auf diese Menschen Rücksicht nehmen, den Bauern im eigenen Bezirk wohlgesonnen sein und sorgsam darauf achten, daß die Handwerker nicht ruiniert werden. Wenn es nicht möglich ist, die Schulden sofort vollständig zu zahlen, die man nach Geschäften mit Städtern und Händlern hat, sollte man gewiß von Zeit zu Zeit etwas zahlen, um diesen Klassen keinen Verlust und Kummer zu verursachen. Samurai, deren Aufgabe es ist, Räuber und Diebe zu züchtigen, sollten nicht deren Verhalten nachahmen.

Schamgefühl

Vor fünfzig oder sechzig Jahren sagte ein Samurai, der keinem Fürsten dienen konnte, daß man mit einem Einkommen von fünfhundert *koku*[54] kaum ein Ersatzpferd halten konnte, mit einem Einkommen von dreihundert *koku* nur ein halb verhungertes Tier. Eine Position mit hundert *koku* Lohn ermöglichte nur den Besitz einer rostigen Lanze. Bis dahin hatte der altgediente Stil der Samurai überlebt, nach dem man nicht darüber sprach, wie viel *koku* wer bekam, aber Bilder dafür benutzte: »Ein Falke mag verhungern, doch Korn rührt er nicht an«, und »Der Samurai mag nichts zu essen haben, doch er benutzt einen Zahnstocher« sind Aussprüche, die diese Empfindung beschreiben.

Junge Menschen redeten damals nie von Gewinn oder Verlust oder vom Preis der Dinge. Sie erröteten, wenn sie Gespräche über Liebesaffären vernahmen. Selbst wenn Samurai heutzutage nicht in der Lage sind, diese alten Ideale zu erreichen, sollte jeder von ihnen sie bewundern und studieren. »Sei die Nase eines Mannes auch gebrochen, solange er atmen kann, ist alles in Ordnung.« So sollten wir darüber denken.

Wahl der Freunde

Für einen Samurai im Dienst ist es äußerst wichtig, daß er sich mit den Kameraden umgibt und anfreundet, die tapfer, pflichtbewußt, weise und einflußreich sind. Doch weil Menschen dieser Art nicht sehr häufig vorkommen, wird er vielleicht nur einen unter seinen verschiedenen Freunden finden, auf den er sich wirklich in Zeiten der Not verlassen kann. Es ist ganz allgemein für einen Samurai nicht wünschenswert, enge Freundschaft zu jemandem zu pflegen, den er besonders mag und mit dem er gerne essen, trinken und feiern geht. Wenn er einen freundlichen Geist entdeckt und eine große Freundschaft daraus wird, wird er den anderen für einen amüsanten Zechbruder halten. Die beiden werden sich schnell auf eine Art benehmen, die ihrer Klasse nicht gut ansteht, sich ohne Zeremoniell begegnen, herumlümmeln, die Abende mit dem Grölen von Liedern und *Jôruri*-Balladen[55] zubringen und sich gar zu vertraut anreden. Dann plötzlich könnten sie nach einem Streit überhaupt nicht mehr miteinander reden, statt die Hilfe eines Vermittlers in Anspruch zu nehmen. Solch ein Mangel an Würde beweist, daß Menschen, die äußerlich wie Samurai wirken, den Geist von gewöhnlichen Arbeitern haben können.

Freundschaft

Verläßlichkeit ist eine der Qualitäten auf dem Weg des Kriegers, die von einem Samurai verlangt wird, doch sollte er nicht ohne besonderen Grund seine Hilfe anbieten und sich nicht in Dinge einbringen, die unbedeutend sind, oder Verpflichtungen auf sich nehmen in Angelegenheiten, die ihn nicht betreffen, nur um etwas tun oder seinen Rat geben zu können. Selbst in Dingen, die ihn ein wenig angehen, sollte er sich besser zurückhalten, solange ihn niemand bittet einzuschreiten. Denn selbst kleine Probleme können einen Samurai so verwickeln, daß er sich nicht mehr zurückziehen kann, ohne sein wertvolles Leben zu riskieren, das doch nur seinem Fürsten und seinen Eltern gehören sollte. Darum sollte er sich nicht unnötig verpflichten.

Wenn ein Samurai in alten Zeiten um einen Gefallen gebeten wurde, überlegte er, ob er ihn leisten konnte oder nicht. Wenn nicht, lehnte er sofort ab. Wenn doch, dann tat er den Gefallen nur nach sorgfältigem Nachdenken, so daß er gut vorbereitet die ganze Angelegenheit bald vollständig erledigt hatte. Dadurch wurden des Bittstellers Schwierigkeiten also beseitigt, und der Gefolgsmann erntete großes Lob. Wenn jemand im Gegenteil aber ohne Nachdenken eine Verpflichtung übernimmt, wird er sie nicht angemessen beenden können und sich den Ruf erwerben, keine Grundsätze zu haben. Nur nach reiflicher Überlegung sollte also eigener Rat gegeben werden. Eltern, Lehrer, ältere Brüder, Onkel und so fort mögen unpassende Ratschläge an ihre Kinder, Schüler und Neffen geben, ohne daß viel Schaden entsteht. Alles, was aus dem Munde eines Samurai kommt, muß aber wohlbedacht und behütet sein. Besonders gegenüber seinen Freunden und Kameraden muß er sich höchst bedächtig äußern. Wenn nun ganz speziell er gebeten wird, bei einer Beratung dabeizusein, kann er natürlich sagen, daß er zum Thema keine Ansichten habe, und so die Diskussion verweigern. Sollte er jedoch daran teilnehmen, wird er dann am hilfreichsten sein, wenn er genau das sagt, was er denkt, klar und knapp, ohne Zurückhaltung oder einen Gedanken an Ablehnung durch die anderen. Wenn er aus Schwäche befürchtet, andere zu beleidigen, deshalb ungeschickt zögert und dem Unvernünftigen zustimmt und, um Aufruhr zu vermeiden, zuläßt, daß unpassende Dinge gesagt und anderen Bürden auferlegt werden, wird er schließlich als nutzloser Berater gelten und verschmäht und verachtet werden. Doch gilt: wenn jemand so dumm ist, sich für derart bedeutsam zu halten, daß er mit niemandem Rücksprache halten muß, sondern alles nach eigenem Gutdünken entscheidet und durcheinanderbringt, wird er ebenfalls unter seinen Kameraden nicht sehr beliebt sein.

Beziehungen abbrechen

Ein Samurai im Dienst mag unter seinen Vertrauten oder Kameraden jemanden haben, mit dem er sich nicht gern umgibt. Wenn er aber von seinem Fürsten den Befehl erhält, mit dieser Person zusammenzuarbeiten, sollte er unverzüglich auf sie zugehen und sagen: »Ich habe den Auftrag, mit dir gemeinsam zu dienen, und wenn wir auch bisher nicht miteinander gesprochen haben, vertraue ich darauf, daß du mit mir zusammenarbeitest, damit wir unsere Aufgaben ohne Schwierigkeiten erfüllen können.« Sollte der andere gar sein Vorgesetzter sein, wird er ihn um seine freundliche Anleitung bitten. Wenn er tags darauf in eine andere Stellung versetzt wird, können die beiden wieder ihr altes Verhalten an den Tag legen. Wieviel mehr jedoch sollten Kameraden, die keine solchen Spannungen haben, in herzlichstem Einvernehmen miteinander dienen.

Wer sich allerdings ständig nach Macht sehnt, besitzt die Freundlichkeit des Herzens nicht, denjenigen, die neu im Dienst und nicht mit den Details ihrer Aufgaben vertraut sind, zu helfen. Die Machtgierigen freuen sich sogar, wenn Neulinge Fehler machen, und sollten wegen ihrer widerlichen Einstellung aus dem Dienst gezogen werden. Denn diese Sorte Samurai ist zu allen Intrigen bereit, zum Beispiel sich in schwierigen Situationen gegen die eigenen Kameraden zu wenden. Dem sollte man vorbeugen.

Ruhm

Ein Samurai sollte wiederholt die alten Aufzeichnungen lesen, damit er seinen Charakter stärkt. Die überall berühmten Werke wie *Kôyô Gunkan*, das *Nobunagaki* und das *Taikôki* berichten im Detail von Schlachten und nennen die Namen derer, die heldenhafte Taten vollbrachten, wie auch die Zahl derer, die fielen. Unter letzteren müssen viele höheren Ranges gewesen sein, deren Namen nicht genannt werden, weil sie nichts Besonderes leisteten. Selbst unter niederen Gefolgsleuten wurden nur die ausgewählt, deren Tapferkeit herausragend war, und ihre Namen der Nachwelt überliefert. Diejenigen, die unbekannt starben und diejenigen, die bekannt wurden, empfanden den gleichen Schmerz, als ihre Köpfe vom

Feind abgeschlagen wurden. Bedenkt das wohl. Wenn er sterben muß, sollte ein Samurai darauf abzielen, eine besonders mutige Tat zu vollbringen, die sowohl Freund wie Feind erstaunt und den Fürsten wie den Kommandanten seinen Tod bedauern läßt. So hinterläßt der Samurai den Generationen, die noch folgen, einen großen Namen. Ganz anders ist das Schicksal des Feiglings, der als letzter herausgefordert und als erster pensioniert wird und der bei einem Angriff auf eine Festung seine Kameraden als Schutzschild gegen die Geschosse der Feinde benutzt. Von einem Pfeil getroffen, fällt er und stirbt den Tod eines Hundes, wird vielleicht gar von seinen eigenen Leuten überrannt. Das ist die größte Schande für einen Samurai. Daran sollte man Tag und Nacht denken.

Aufschneider und Verleumder

Diese beiden Typen scheinen sich sehr zu ähneln, sind jedoch recht verschieden voneinander. Früher gab es viele Samurai, die als Aufschneider galten, zum Beispiel Matsudaira Kagaemon und Ôkubo Hikozaemon, beide Offiziere der Leibwache des Shôguns. Tatsächlich dienten damals fast jedem Daimyô ein paar Samurai dieser Art. Es waren Männer, die viel geleistet hatten und in keinster Weise den Weg des Kriegers verließen, doch manchmal so stur auftraten, daß sie nicht als Berater taugten. Wenn sie in ihren Lebensumständen unter Druck gerieten, weil ihr Einkommen und ihre Stellung nicht ihrem hohen Ansehen entsprachen, wurden sie haltlos und sprachen aus, was ihnen in den Sinn kam, ohne auf jemanden Rücksicht zu nehmen. Doch ihre Fürsten und deren Ratgeber wie auch die Älteren übersahen das geflissentlich, so daß jene noch rücksichtsloser wurden und jedem sagten, was sie gut und schlecht an ihm fanden, ohne sich zurückzuhalten oder je zu entschuldigen. Das waren die Aufschneider vergangener Zeiten, Männer großer Verdienste.

Doch die Aufschneider von heute sind Menschen, die nie eine Rüstung angezogen haben und die meiste Zeit mit ihren Freunden und Bekannten die Fehler der Regierung des Fürsten diskutieren, auf die Versäumnisse seiner Ratgeber hinweisen und gewiß die Missetaten ihrer eigenen Kameraden nicht aussparen, während sie zugleich ihre eigene Überlegenheit betonen. Solch engstirnige Köpfe trennen Welten von den mutigen Aufschneidern alter Zeit, weswegen man sie wohl besser Verleumder oder Schwätzer nennen sollte.

Reisen

Ein niederer Samurai wird auf einer Reise sein Gepäck auf ein Lastpferd laden. Weil er vom Pferd fallen könnte, sollte er seine beiden Schwerter so zusammenbinden, daß sie nicht aus ihren Scheiden rutschen können. Doch sollte er es unterlassen, den Griff des Langschwertes mit einem großen Tuch zu einem dicken Bündel zu schnüren. Auch sollte er die Hülle der Lanze nicht mit einem dicken Seil festzurren. In diesen Dingen darf man nicht nachlässig sein. Weil man die Insignien »Gefolgsmann des Fürsten Soundso« am Gepäck anbringt, kann jeder Fehler auf den Fürsten zurückfallen.

Heute ist es üblich, daß unterwegs Pferde mittels eines Stallknechtes getauscht werden. Wenn der andere Reiter ein Krieger ist, sollte man warten, bis er nach dem Angebot des Knechtes abgestiegen ist. Erst dann sollte man selbst vom Pferd steigen. Wenn man das nämlich zu früh tut, könnte der andere Reiter sitzenbleiben und den Tausch verweigern. Dann müßte man selbst aus Achtung vor dem anderen enttäuscht wieder aufs eigene Pferd steigen.

Beim Durchqueren von Flüssen sollte man immer einen Kuli vorauswaten lassen. Wenn man die Ausgaben für ihn scheut oder sich selbst für einen Experten im Wasser hält, dann aber das Pferd stürzt, das Gepäck naß und vielleicht ein Diener verletzt wird, steht das einem nicht gut an.

Wenn man mit dem Gedanken, die Reise zu beschleunigen, die Fähre in Yokkaichi oder ein Boot bei Awazu besteigt, ist das kurzsichtig. Nimmt man nämlich das gewöhnliche Boot von Kuwana[56] aus und gerät in rauhes Wetter, hat man eine Entschuldigung. Wählt man dagegen eine Abkürzung und den damit verbundenen Ärger, dann gibt es bei einem Zwischenfall keinerlei Entschuldigung. Darum rät ein altes Gedicht:

Die Furt bei Yabase
wirkt wie eine Abkürzung.
Doch in Eile, Krieger, nimm den Weg
über die lange Seta-Brücke.[57]

Dieses Prinzip vom längsten Weg, der der kürzeste ist, gilt nicht nur für Reisen. Es muß bei allem bedacht werden.

Verleumden

Ein Samurai im Dienste des Fürsten muß sich verborgener Kritik an Fehlern seiner Kameraden enthalten, von denen er hört oder die er wahrnimmt. Ein Mann kann nicht abschätzen, wie sehr er diese Dinge unabsichtlich mißversteht. Die Clan-Beamten und besonders die Ratgeber und Senior-Offiziere sind Sprecher für die Ansichten des Fürsten, jede Kritik an ihnen sagt also auch etwas über ihn aus. Eines Tages wird er sie vielleicht einmal um etwas bitten müssen. Dann ihre Stimmung bedenken, die Hände falten, Knie beugen und demütig ihren Gefallen erbitten zu müssen, plötzlich den Tonfall ändern, weil er kurz davor alle hinter ihrem Rücken verleumdet hat – in eine solche Lage sollte sich kein Samurai bringen, wie gewichtig sein Anliegen auch sein mag.

Kriegsersatz

Im Zeitalter der streitenden Daimyate, als Schlachten an der Tagesordnung waren, konnte der Sohn eines Samurai, unabhängig von seinem Alter, beim Tod seines Vaters nach tapferem Kampf vom Fürsten oder Kommandanten die Stellung und die Einkünfte des Vaters übertragen bekommen. Wenn der Sohn aber noch ein Kleinkind war, konnte er keinen Kriegsdienst leisten, also erbte der jüngere Bruder des Samurai dessen Stellung und wurde vom Fürsten zum Hüter des Kindes ernannt. Man betitelte ihn fortan *jindai* oder »Kriegsersatz«. Nach altem Brauch sollte der jüngere Bruder, der die Stellung des älteren erbte, das Kind nun als seinen Sohn betrachten, auch wenn er eigentlich sein Neffe war, für ihn sorgen und ihn erziehen. Als neuer Vorstand des Hauses sollte er alle Waffen und Rüstungen, den Pferdeschmuck und den gesamten restlichen Besitz einsammeln und mit ein, zwei anderen Familienmitgliedern alles sorgfältig in einem Buch verzeichnen.

Wenn der Junge fünfzehn Jahre alt ist, so daß er im folgenden Jahr zum unabhängigen Krieger unter den jungen Gefolgsleuten wird, soll man ein Gesuch einreichen, daß ihm erlaubt werden möge, in den Dienst des Fürsten einzutreten und den Lohn, den man ihm zugesichert hatte, zu empfangen. Gemäß des Ansehens der Person kann diesem Wunsch stattgegeben, aber auch aufgrund der Jugend des Jungen dessen Pate gebeten werden, sich noch länger um ihn zu kümmern. Wieviel Druck man auch auf den Paten ausübt, er soll letzteres entschieden ablehnen. Und wenn seinem Wunsch dann stattgegeben wird, soll er die Liste mit dem Besitz des Hauses und alle darauf verzeichneten Gegenstände des verstorbenen Vaters übergeben. Alle Güter, die der jüngere Bruder selbst während seiner Patenschaft erworben hat, soll er ebenfalls überreichen, wenn es angemessen erscheint.

Wenn man dagegen noch mit seiner Patenschaft fortfahren muß, dann sollen von gewährten fünfhundert *koku* an den Neffen dreihundert gehen, während der Pate zweihundert behält. Das ist zwar ein Grund für Dankbarkeit seitens des Paten, doch wird der Besitz des Neffen dadurch vermindert, weshalb der Pate versuchen sollte, das ursprüngliche Gehalt seines Bruders dem Erben vollständig zukommen zu lassen und wiederholt um seine eigene

Pensionierung nachzusuchen. Das ist das rechte Verhalten eines Samurai, der zum »Kriegsersatz« wird.

Auf der anderen Seite gibt es denjenigen, der den Besitz nicht an den Erben übergeben will, wenn dieser alt genug ist; oder der das zwar tut, zuvor allerdings den Besitz verkommen läßt und das Haus nicht repariert. Schlimmer noch, er mag dem Erben Schulden hinterlassen, die gar nicht von dessen Vater stammen, abgesehen davon, daß er den Jungen ständig um Essensrationen, Geld und sonstiges bittet. Solch ein Mann ist ein prinzipienloser Schurke.

Dem Tod ins Auge schauen

Ein Samurai muß, ob groß oder klein, angesehen oder unbedeutend, vor allem anderen bedenken, wie er dem Tod begegnen soll. So klug und talentiert er auch sein mag, wenn er im Angesicht des Todes seine Gelassenheit verliert, werden seine vorherigen guten Taten wie Wasser sein, und alle anständigen Menschen werden ihn verachten, so daß er mit Schande bedeckt wird.

Wenn ein Samurai in die Schlacht zieht, tapfere und glänzende Dinge vollbringt und sich einen großen Namen macht, geschieht das nur, weil er bereit ist zu sterben. Wenn ihm unglücklicherweise das Schlimmste droht, daß er und sein Kopf getrennt werden, muß er, nachdem ihn der Gegner nach seinem Namen fragte, diesen sofort laut und deutlich aussprechen und seinen Kopf mit einem Lächeln auf den Lippen und ohne das kleinste Anzeichen von Furcht überlassen. Sollte er schlimm verwundet, aber nicht bewußtlos sein und kein Arzt mehr etwas für ihn tun können, ist es richtig, die Fragen seiner vorgesetzten Offiziere und Kameraden zu beantworten und sie über die Art seiner Verwundung zu informieren, bevor er sich klaglos verabschiedet.

In Zeiten des Friedens sollte ein standhafter Samurai, ob alt oder jung, von einer ernsthaften Erkrankung geplagt, Festigkeit und Entschlußkraft zeigen und dem Verlust dieses Lebens keine Bedeutung beimessen. Ob in einem hohen Amt oder auf niederer Position, solange er sprechen kann, soll er um die Anwesenheit seines Vorgesetzten bitten und ihn darüber informieren, daß er dessen Aufmerksamkeit und Gunst lange genossen und folglich inbrünstig alles in seiner Macht Stehende versucht habe, um seine Pflichten zu erfüllen. Doch leider sei er nun von jener schweren Krankheit heimgesucht worden, von der man sich nur schwer erhole, weswegen er sich nicht mehr so für ihn einsetzen könne. Weil er bald sterben werde, wünsche er seine Dankbarkeit für vergangene Freundlichkeit und Vertrauen auszudrücken, um den Ratgebern des Clans in guter Erinnerung zu bleiben.

Dann sollte er sich von seiner Familie und den Freunden verabschieden und dabei erklären, daß es nicht die Sache eines Samurai sei, an einer Krankheit zu sterben, nachdem man so viele Jahre lang so viele Wohltaten des Fürsten empfangen habe, doch leider sei dies in seinem Fall unvermeidlich. Die Jungen müßten jedoch seine treuen Absichten weiterhegen und fest entschlossen ihren Dienst für den Fürsten tun. Dabei sollten sie ihre Loyalität beständig steigern und mit aller Kraft dienen, die sie besitzen. Wenn sie das versäumten oder auf irgendeine Weise unloyal und pflichtvergessen handelten, würde selbst von den Schatten der Gräser sein Geist auftauchen und sie enterben. Von dieser Art sollten die Abschiedsworte eines Samurai sein.

Auch in den Worten eines Weisen heißt es, daß die letzten Sätze eines Mannes, der sterben muß, recht klingen sollten. Wie verschieden ist das Ende eines Samurai von dem eines Menschen, der es ablehnt, seine Beschwerden als unheilbar zu betrachten, der sich wegen des Todes Sorgen macht, sich freut, wenn Menschen ihm erzählen, er wirke gesund, es aber gar nicht mag, wenn sie ihm sagen, er sähe schlechter aus. Unterdessen streitet er mit den Ärzten, und eine Menge unnützer Gebete und Zeremonien werden für ihn abgehalten, während er sich in einem Stadium völliger Unruhe und Verwirrung befindet. Allmählich geht es ihm schlechter, er sagt den anderen aber nichts und endet, indem er das eine Sterben verpfuscht, das er hat, so daß es nicht besser als das einer Katze oder eines Hundes ist. Das geschieht, weil er sich nicht stets den Tod vor Augen hält, wie ich es schon im ersten Kapitel empfahl, sondern jede Erwähnung davon als böses Omen ablehnt und zu glauben scheint, daß er ewig lebt, weshalb er dann mit gieriger Intensität an seiner Existenz hängt. Wer mit solch feigem Geist in die Schlacht zieht, wird keinen glorreichen Tod im Licht der Loyalität sterben. Wer also die Ideale der Samurai wertschätzt, sollte wissen, wie er angemessen auf den Matten an einer Krankheit stirbt.

Dienst

Während der Dienstzeit eines Samurai könnte es geschehen, daß sein Fürst große Ausgaben hat und dessen Lebensumstände dadurch beschränkt werden, so daß er sich ein paar Jahre lang Gehälter von seinen Gefolgsleuten leihen muß. In diesem Fall sollte ein Samurai in keinem Fall weder in seiner Familie noch außerhalb irgendeine Bemerkung machen, daß ihn das in Schwierigkeiten bringe, egal, wie groß die Summe auch sei. Denn von alters her ist es bei Gefolgsleuten üblich, dem Fürsten in Zeiten der Not zu helfen, wie er umgekehrt auch ihnen stets zur Seite steht. Wenn ein Fürst durch private Verpflichtungen unter Druck gerät, so daß seine öffentlichen Aufgaben darunter leiden und er bestimmte Dinge nicht mehr tun kann, die seinem Amt entsprechen, ist das für seine Gefolgsleute äußerst schmerzlich. Gewöhnliche Angelegenheiten können zwar erledigt werden, doch wenn anderntags an der Grenze der Provinz eine unvorhergesehene Unruhe aufkommt und die Armee den Befehl erhält, in Stellung zu gehen, wird zuallererst Geld benötigt. So klug jemand auch sein mag, dieses Geld kann nicht sofort bereitgestellt werden. Wie das Sprichwort von einem Mann erzählt, dessen Hand unter einem Stein gefangen ist und der sie nicht bewegen kann, so wäre es schwierig, in einer solchen Lage irgend etwas zu tun. Da jedoch alle anderen Daimyôs am festgelegten Tag bereit sein werden und dieser nicht verlegt werden kann, müssen die Gefolgsleute jenes Fürsten unvorbereitet ebenfalls losziehen.

In Zeiten des Friedens wirkt eine militärische Prozession glanzvoll, die Menschen kommen aus dem ganzen Land in die Häuser der Städte, um ihr beizuwohnen, so daß sie dem Anblick aller Klassen ausgesetzt ist. Wenn eine Schlachtordnung der anderen unterlegen ist, wird das für den Fürsten und seine Befehlshaber eine lebenslange Schande sein. Bedenken wir die Wichtigkeit des Gesagten, so folgt daraus, daß alle Samurai, hohe und niedere, alte und junge, einen Teil ihrer Einkommen beitragen müssen. Während dieser Zeit eingeschränkten Einkommens muß jeder ein wenig mitdenken und die Zahl seiner Männer und Pferde reduzieren, Kleidung aus Baumwolle und Papier im Winter und Baumwoll-*Katabira*[58] im Sommer tragen. Bei den Morgen- und Abendmahlzeiten soll man nur unpolierten Reis, Kleie und Miso-Suppe essen, jeder muß sein Holz selbst schlagen, sein Wasser selbst holen und seine Frau dazu bringen, den Reis zu kochen und alle möglichen Entbehrungen zu ertragen, da es die Pflicht aller im Dienste des Fürsten ist, ihre ganze Energie zu sammeln, um seine Verhältnisse in angemessener Ordnung zu halten.

Wenn wir mit diesen Problemen fertig werden, können wir jedes besondere Bedürfnis unseres Fürsten stillen und die Notausgaben auftreiben. Man kann zum Beispiel sein Ersatzschwert und das Arbeitsgerät der Frau verpfänden, mit dem Gegenwert wird man genug zusammenbekommen, ohne etwas leihen zu müssen. Selbst wenn euer Fürst nichts davon weiß und die Ratgeber und Oberoffiziere euch dafür hassen, wäre es unerhört, wenn ein Samurai daran dächte, sich über eine Beschränkung seines Lohnes zu beschweren.

Die Pflicht eines Vasallen

Ein Samurai, der ein Ritter ist und von seinem Fürsten mit einem Lohn bedacht wird, sollte sein Leben und seine Person nicht sein eigen nennen. Doch unter denen, die Militärdienst leisten, gibt es zwei Typen. Einmal die kleinen Gefolgsleute und *chûgen*[59] oder Gehilfen, die Tag und Nacht keine Freizeit haben, aber nicht unbedingt ihr Leben für ihren Herren opfern müssen. Darum kann man sie nicht beschuldigen, wenn sie sich als nicht besonders geübt in den Kriegskünsten erweisen. Sie sind in Wahrheit nur Angestellte, die ihre Kraft als Arbeiter verkaufen, sonst nichts.

Doch der *bushi* oder Samurai ist anders, denn er gibt als Diener des Fürsten auch sein Leben hin. Selbst sein Fürst ist ein Vasall, denn sollte Ärger im Reich aufkommen, muß er gemäß seinem Stand ebenso Kriegsdienst leisten. Das heißt, wenn er einen Clan von hunderttausend *koku* hat, muß er hundertsiebzig Reiter, sechzig Bogenschützen, dreihundertfünfzig Büchsenschützen, hundertfünfzig Lanzenkämpfer und zwanzig Banner gemäß den Statuten der Regierung des Shôguns bereitstellen, während die Zahl der Männer, die darüber hinausgeht, in seinem Ermessen liegt und von der Fähigkeit seines Kommandanten abhängt. Neben dieser Streitkraft, die er in den Krieg führen muß, sollen auch noch genug Männer in der Burg zurückbleiben, um diese vor Angriffen schützen zu können. Obwohl er sie nicht die ganze Zeit braucht, muß er eine große Zahl von Samurai aller Arten bereithalten. Unter denen gibt es Unfähige und körperlich und geistig Behinderte, deren Defekte aber großherzig übersehen werden, so daß sie weiter ihren Pflichtteil beziehen können.

Ein Gefolgsmann sollte bedenken, wie viele seiner Kameraden im ganzen japanischen Reich derart an ihre Herren durch einvernehmliche Zuneigung gebunden sind und dabei erhebliche Einkünfte beziehen, so daß zum Beispiel ein kleiner Lohn von einhundert *koku* in zehn Jahren zu einem Betrag von eintausend *koku* anwachsen kann oder zu einer gar unermeßlichen Summe, wenn er über mehrere Generationen der Familie gezahlt wird. Als Dank für diesen Gefallen verrichtet der Gefolgsmann seine übliche Arbeit in Friedenszeiten als Wächter, Beamter oder Inspektor, gewöhnliche Aufgaben, die man kaum als herausragenden Dienst bezeichnen kann.

Doch zu jeder Zeit kann ein plötzlicher Ruf zu den Waffen ergehen, dann mag er seinen Platz als führender Lanzenkämpfer einnehmen oder bei einem Angriff auf eine Burg seinen Platz als Reiter der Vorhut oder, wenn seine Einheit eine Schlappe erleidet, als Bewacher der Nachhut beim Rückzug fungieren. Wenn seine Fähigkeiten denen des Fürsten oder Kommandanten entsprechen, könnte er sogar deren Platz einnehmen, sein Leben im Pfeilgewitter des Gegners dahingeben und einen glänzenden Tod sterben, ohne auch nur einen Fußbreit nachgegeben zu haben. Der tiefste Sinn im Dienste des Samurai liegt in der Tat darin, seinen Entschluß zu stählen und zu rufen: »*Marishiten* soll mein Zeuge sein, ich werde etwas tun, was kein anderer schafft!« Um dieses Ausmaß an Ergebenheit zu erreichen, kann er Körper und Seele nicht sein eigen nennen.

Da er nie weiß, wann er solchen Dienst für seinen Fürsten leisten muß, darf er seine Gesundheit nicht durch übermäßiges Essen und Trinken oder übertriebene körperliche Lust gefährden. Den Tod auf den Matten seines

Hauses darf er nicht als angemessen für sich betrachten. Er muß sich ferner vor Streit mit seinen Kameraden hüten, der zu Verletzungen führen könnte, und davor, auf unloyale und pflichtvergessene Weise die sinnlose Verschwendung von Menschenleben zu riskieren. Darum ist es wichtig, sorgsam nachzudenken, bevor man spricht, denn aus Worten entsteht Streit. Wenn der Streit hitzig wird, folgt die Mißhandlung, und wenn ein Samurai den anderen mißhandelt, kann die Angelegenheit kaum noch freundlich beendet werden. Wenn also irgendein Risiko für einen Streit besteht, erinnert euch daran, daß euer Leben nicht euch gehört, sondern eurem Fürsten. Zügelt euer Temperament, denn das ist die Pflicht eines diskreten und loyalen Samurai.

Die Aufgaben eines Samurai

Die Aufgaben eines Samurai bestehen in militärischem Dienst und in Arbeiten an der Konstruktion. Wenn sich das Land im Krieg befindet, muß er Tag und Nacht im Lager und auf dem Feld sein und kann sich nicht einen Moment lang ausruhen. Konstruktion bezieht sich auf Bollwerke, Gräben, Barrikaden, befestigte Außenposten, an denen alle so schnell und angestrengt wie möglich arbeiten müssen. In Friedenszeiten allerdings gibt es keine Lageraufgaben und demzufolge auch keine Konstruktion jener Dinge, darum werden die verschiedenen Ränge der Samurai zu bestimmten Diensten als Wächter, Eskorte, Inspektoren und so weiter eingeteilt. Bald halten sie diese Arbeiten für die normalen einer Kriegerfamilie und den Felddienst für einen Traum aus der Vergangenheit.

Wenn dann einmal den Daimyôs die Ehre zuteil wird, der Regierung des Shôguns in ihren Gebäuden zu assistieren, und die Ausgaben dafür so hoch sind, daß sie einen Teil davon an ihre Gefolgsleute weitergeben müssen und einen Prozentteil von deren Löhnen erbitten, werden die darüber mürrisch, als wäre eine solche Forderung unmäßig. Sie erkennen nicht, daß die Teilnahme sowohl an militärischen als auch an konstruktiven Aufgaben das gewöhnliche Geschäft eines Samurai ist. So trifft man welche an, die ihre normalen Aufgaben in Friedenszeiten schon als Härte ansehen, sich bei der geringsten Belastung ihren Pflichten entziehen und achtlos gegenüber den Umständen sind, die sie anderen aufbürden. Wenn sie als Reiseinspektoren ausgesandt werden, lehnen sie die Strapazen der Reise und die damit verbundenen Ausgaben ab und lassen sich auch davon freistellen, wodurch sie die Schwierigkeiten auf ihre Kameraden abladen, ohne auch nur im mindesten über die Verachtung beschämt zu sein, die sie ernten. Selbst wenn der Ort, an den sie gesandt werden, recht nahe liegt, beschweren sie sich offen darüber, zweimal an einem Tag losziehen zu müssen, oder darüber, daß das Wetter schlecht sei. Menschen, die ihre Aufgaben mit so einem Geist verrichten, als wären diese eine Last, sind nichts anderes als niedere Stallburschen oder Diener in den Häuten von Samurai.

Die Krieger, die zur Zeit der Bürgerkriege geboren wurden, waren ständig auf dem Feld, ihre Rüstungen unter dem Sommerhimmel versengt oder von Winterwinden durchbohrt, die durch deren Ritze bliesen. Sie waren vom Regen aufgeweicht und bedeckt vom Schnee, schliefen im

Hochmoor und auf Hügeln ohne Kissen, nur in ihrem gepanzerten Schurz, mit nichts zu essen und zu trinken als ungeschältem Reis und Salzsuppe. Ob sie auf dem Feld kämpfen oder eine Burg angreifen oder verteidigen mußten, sie hielten das für keine besondere Belastung, sondern für ihre alltägliche Arbeit. Wenn wir darüber nachsinnen, wie wir, in Friedenszeiten geboren, im Sommer unter einem Moskitonetz schlafen und im Winter uns in Decken hüllen können, wie wir entspannt leben und zu jeder Tageszeit essen können, was uns beliebt, sollten wir uns in der Tat für glücklich halten. Es gibt keinen Grund, warum wir Innenwachdienst oder das Kontrollieren der Nachbarschaft als ernste Last betrachten sollten. Es gab einmal einen gewissen Baba Mino, einen ausgezeichneten Veteran im Hause Takeda aus Kai, der als sein Lebensmotto die vier Schriftzeichen niederschrieb und an eine Wand hing, die folgendes besagten: »Das Schlachtfeld ist mein gewöhnlicher Wohnsitz.«

Umsicht

Jeder, der von seinem Herren als Geschenk ein *kosode*[60] oder *kamishimo*[61] erhält, das das Wappen des Fürsten aufweist, sollte sorgsam darauf achten, wenn er erstgenanntes trägt, ein *kamishimo* mit seinem eigenen Wappen darüberzuziehen. Wenn er das *kamishimo* seines Fürsten trägt, sollte er ein *kosode* von sich darüberstreifen. Wenn er nämlich in Kleidung herumläuft, die einzig das Wappen seines Fürsten zeigt, könnte er wie ein Verwandter des Herren wirken, und das wäre unhöflich.

Wenn die Kleidung mit den Wappen des Fürsten zu alt wird, sollten die Wappen herausgeschnitten und verbrannt werden, damit sie nicht beschmutzt oder mit mangelndem Respekt behandelt werden können.

Wenn einer eurer Nachbarn entweder sehr krank ist oder unter einem Trauerfall leidet, solltet ihr, selbst wenn ihr nicht sehr vertraut mit ihm steht, von Musik und lautem Gelächter Abstand nehmen und eurer Familie und euren Dienern das gleiche auftragen – nicht nur aus Rücksicht darauf, was diese denken könnten, sondern um die Schande zu vermeiden, von Nachbarn und Kameraden als ungehörig angesehen zu werden.

Aufzeichnungen

Selbst ein jüngst in Dienst getretener Samurai, noch mehr ein Veteran, sollte sich gut über die Familiengeschichte seines Fürsten informieren, ihren Ursprung, die Aufzeichnungen der Vorfahren und deren Verbindungen; doch ebenso über die Taten seiner Kameraden, wozu er die ältesten Mitglieder des Clans befragen sollte. Wenn er nämlich Außenstehende trifft und im Laufe einer Unterhaltung mangelnde Kenntnis dieser Dinge zeigt, wird man nur wenig von ihm halten, selbst wenn er in allen anderen Punkten ein guter Gefolgsmann ist.

Eskorte

Wenn ein Samurai seinen Fürsten auf einer Reise begleitet und sie bei einer Poststation ankommen, sollte er unbedingt vor Sonnenuntergang die Menschen der Gegend befragen und jeden Hügel und Wald, Schrein und Tempel verzeichnen; er sollte herausfinden, in welcher Richtung offenes Gelände liegt und wie der Zustand der Wege ist. Sollte nämlich nachts plötzlich ein Feuer ausbrechen und der Fürst flüchten müssen, wüßte der Gefolgsmann dann, wohin er ihn führen müßte. Wenn er seinen Fürsten zu Fuß begleitet, mag es als Kleinigkeit erscheinen, sich daran zu erinnern, auf Hügeln *vor* ihm und an Abhängen *hinter* ihm zu gehen, doch sollte ein Gefolgsmann das wirklich nie versäumen. Denn es ist die Pflicht eines Samurai, stets umsichtig und sorgsam darüber nachzudenken, wie er jede erdenkliche Hilfe in dem Dienst leisten kann, zu dem er berufen wurde.

Beamte

Es heißt, Beamte und weiße Kleidung seien am besten im Neuzustand, und wenn das auch ironisch gemeint ist, halte ich es für wahr. Ein weißes *kosode* sieht wunderschön aus, wenn es neu ist, aber nachdem es eine Zeitlang getragen wurde, verschmutzen zuerst der Kragen und die Ränder der Ärmel, ehe es eine schmutzige Farbe annimmt und unansehnlich wird. Genauso gehorchen Beamte, wenn sie frisch und unerfahren sind, den Anweisungen ihres Fürsten pünktlich und widmen dem kleinsten Detail ihre Aufmerksamkeit, weil sie den Eid, den sie auf sich nahmen, respektieren und nicht verletzen wollen. So dienen sie ohne Gier oder Unehrlichkeit, und man spricht im Clan gut von ihnen.

Nachdem sie aber eine längere Zeit im Amt sind, neigen sie dazu, die Ergebenheit der Menschen vorauszusetzen, und entwickeln eine hohe Meinung von sich selbst, so daß sie ungebührliche Dinge vollbringen, die sie vorher nie getan hätten. Als sie noch neu im Amt waren, ließen sie Geschenke gemäß ihres Eides zurückgehen; oder sie machten dann, wenn es einen besonderen Grund für solche Zuwendungen gab, alsbald ein Gegengeschenk von gleichem Wert. Nach einer Weile aber entsteht in solchen Beamten ein lüsterner Geist, und während sie immer noch erklären, daß sie nichts annehmen und dabei ehrlich auftreten, stellt sich heraus, daß das nur ihre Tarnung ist, denn ihre scheinbaren Skrupel werden bald überwunden, so daß sie die Geschenke annehmen und als Gegengeschenk gar die Regierung berauben und parteiische Entscheidungen treffen. Diese Beschmutzung ist genau wie die dreckige Farbe weißer Kleidung.

Beides unterscheidet sich jedoch darin, daß die letztgenannte Verschmutzung mit Lauge ausgewaschen werden kann, während die Flecken auf dem Herzen eines Mannes sich so festsetzen, daß sie nur noch schwer beseitigt werden können. Wenn ein Kleidungsstück zwei, drei Mal im Jahr gewaschen wird, genügt das, doch das Herz eines Menschen muß andauernd gereinigt, poliert und gespült werden, während man schläft und wacht, jeden Tag des Jahres ohne Unterlaß, und selbst dann noch wird es leicht beschmutzt.

So wie Lauge und ihre richtige Handhabung fürs Reinigen von Kleidung benötigt werden, so gibt es auch eine rechte Weise für das Reinigen der Herzen von Samurai. Es ist die Übung der drei Prinzipien von Loyalität, Pflichterfüllung und Tapferkeit, wobei die Lauge hier je nach Verschmutzung variiert. Manche werden es mit Treue und Beständigkeit versuchen, andere mit Loyalität und Pflichterfüllung. Einiger Schmutz wird jedoch so tief sitzen, daß er sich selbst dadurch nicht löst. Wenn aber nun noch Mut beigemischt wird, kann der Schmutz vollständig beseitigt werden. Das ist das tiefe Geheimnis der Reinigung eines Samuraiherzen.

Geliehene und gestohlene Autorität

Ein Samurai kann sich die Autorität seines Fürsten borgen oder sie stehlen. Gleichsam kann der Fürst sie dem Samurai leihen oder sich stehlen lassen. Wenn ein Gefolgsmann ein wichtiges Amt innehat, kann er als junger Mensch oder auf niederem Rang von sozialen Gebräuchen oder der gegenwärtigen Mode verwirrt werden und muß seine Aufgaben unter der Ägide seines Herren ausführen. Es handelt sich hierbei um geliehene Autorität. Wenn er damit die Absichten seines Fürsten ausführt, die Menschen davon profitieren und er die Macht wieder zurückgibt, hat er sie mit rechter Umsicht benutzt. Wenn er aber gierig nach Ansehen wird und sie nur äußerst ungern wieder hergeben möchte, weil ihn seine Kameraden und sogar Außenstehende mit Respekt behandeln und als »Eure Hoheit« und »Euer Ehren« und so weiter titulieren, dann ist er einer, der Autorität stiehlt.

Verleiht ein Fürst seine Macht und verhilft seinen Gefolgsleuten so zu Ansehen, handelt er wie große Adelige und bekannte Kommandanten aus alten Zeiten. Wenn sie diese Macht nach dem Vollenden einer Aufgabe eigentlich hätten zurückfordern sollen, erlaubten sie manchmal aus einer nachlässigen Einstellung heraus, daß die Gefolgsleute sie noch ein wenig behalten durften, bis ein Ereignis eintrat, daß es schwierig machte, sie zurückzufordern, es sei denn durch Bezahlen eines Preises. Hier haben also die Gefolgsleute ihre Fürsten eindeutig der Macht beraubt. Das ist nicht nur eine große Schande für einen Fürsten, sondern verursacht ihm auch erheblichen Schaden. Denn wenn Gefolgsleute zu viel Macht bekommen, schwindet dadurch die ihres Fürsten.

Wenn Menschen glauben, sie könnten bekommen, was sie wollen, indem sie den Vasallen verehren, der jeglichen Zugang zum Fürsten kontrolliert, werden sie nur daran denken, sich bei ihm einzuschmeicheln, und den Fürsten lediglich für zweitrangig halten, wodurch die wohlwollenden Beziehungen zwischen dem Herrn und seinem Gefolge verschwinden und loyale Samurai durch ihre Abwesenheit auffallen werden. Wenn dann ein Notfall eintritt, werden keine guten Männer mehr da sein. Die Gefolgsleute im Außendienst, diejenigen in friedvollen Ämtern wie auch die im persönlichen Umfeld des Fürsten werden von der Autorität eines solchen Vasallen unterdrückt, so daß sie in sich zusammenschrumpfen, was ihrem Fürsten natürlich auch nicht zum Vorteil gereicht. Denn sie werden nichts über Dinge sagen, die sie eigentlich bemerken sollten, sondern sie nur in ihren Herzen bedauern und im Privaten ihren Freunden gegenüber Gram äußern. Doch niemand wird aufstehen und dem Fürsten Bericht erstatten.

So bleiben das willkürliche Verhalten und die Parteilichkeit eines Übeltäters dem Fürsten unbekannt, der nur gut von seinem Vasallen denkt und durch diese Nachlässigkeit großes Unglück verursacht. Die Unfähigkeit zu erkennen, wie Menschen wirklich sind, paßt nicht zu einem Fürsten oder Kommandanten.

Ein Mann dieser Art, der sich nicht darum schert, was sein Fürst denkt, wird auch der Meinung seiner Kameraden kaum Gehör schenken. Er wird die kleinen Beamten bevorzugen und denen, die seine Freunde und Vertraute sind, Geld aus dem Besitz des Fürsten zukommen lassen und ihre Gegengeschenke für sich behalten. Wenn er seine Gäste unterhält, kommen Fisch, Wein und Kuchen aus der Küche des Fürsten. Nach dem Prinzip: »Was dem Fürsten gehört, gehört auch mir, was mir gehört, gehört nur mir« schwächt er den Besitz seines Fürsten und verursacht große Verluste.

Denkt darüber tief nach und vergeßt nie, bescheiden zu bleiben und alle Ansprüche zu unterdrücken, wenn ihr von eurem Fürsten ein Privileg erhaltet, damit nichts den Glanz seines Ruhmes verdunkelt. Wie die Alten sagten: »Der loyale Gefolgsmann verwirklicht nicht seine eigene Existenz, sondern die seines Fürsten.«

Über den Steuerwucher

Für einen Samurai sind die Aufgaben, die mit dem Schatzamt des Fürsten in Verbindung stehen, die schwierigsten. Denn mit nur gewöhnlichem Wissen ist es schwer, für das Wohl des Herrn zu sorgen, ohne anderen

Entbehrungen aufzubürden wie Gefolgsleuten, Bauern auf dem Land und den Bürgern in der Burg. Wenn ihr ausschließlich an die Interessen des Fürsten denkt, werden die niederen Leute zu kurz kommen, und wenn ihr bloß sie zufriedenstellen wollt, wird euer Fürst Mangel leiden. Es wird also ganz sicher irgendwo ein Defizit bestehen. Wie klug und scharfsinnig ein Samurai auch von Natur aus sei, die Krankheit der Habgier fängt er sich leicht ein. Wenn er den wirtschaftlichen Haushalt des Fürsten kontrolliert und Geld für andere Ausgaben auftreiben muß, könnte er dem Luxus verfallen, ferner den Plan fassen, das Geld des Fürsten zu veruntreuen, Häuser zu bauen, Raritäten zu sammeln und sich elegante Gewänder zuzulegen. Solch einen Samurai kennt man als stehlenden Gefolgsmann.

Es gibt den Beamten, der ein neues System entwickelt, das sich von dem des vorangegangenen Fürsten unterscheidet und dem neuen Herrn versichert, es sei zu dessen Bestem. Es ist ihm egal, wie sehr seine Kameraden darunter leiden, daß die Bürger höhere Abgaben zahlen müssen und die Bauern mehr Steuern für ihren Grund und Boden. Er denkt nur daran, in nächster Zukunft mehr Geld einzunehmen, ohne auf das Wohl des Volkes zu achten. Dabei mag er inkompetente Ratgeber und Ältere täuschen, so daß sie ihm unangemessene Lohnerhöhungen bewilligen. Doch sollten sich seine neuen Regeln als undurchführbar oder ineffektiv erweisen, wird er so tun, als hätten die Ratgeber und Älteren sie erfunden, und sich der Strafe entziehen, indem er sich hinter ihren Rücken versteckt. Diesen Samurai nennt man den steuerwuchernden Gefolgsmann.

Obwohl die zuvor erwähnten stehlenden Gefolgsmänner auf eine dem Samurai unangemessene Weise den Besitz des Fürsten verschwenden und dadurch die Gerechtigkeit pervertieren, ist diese Angelegenheit dann erledigt, wenn die Strafe des Himmels sie trifft und dies durch ihren persönlichen Ruin offenbar wird. Dann fühlt sich das Volk nicht länger niedergedrückt und der Ärger in der Verwaltung nimmt ebenso ab wie die Verluste in der Provinz. Doch der steuerwuchernde Beamte verursacht eine viel stärkere Verletzung, die schwieriger zu heilen ist. Denn der Verwaltung des Landes zu schaden ist das größtmögliche Verbrechen, selbst wenn keine persönliche Gier und Unterschlagung beteiligt sind. Darum erklärten die Weisen alter Zeiten, daß es besser sei, einen stehlenden als einen steuerwuchernden Beamten zu haben.

Für einen Samurai gibt es nichts Schlimmeres, als in den Ruf eines Veruntreuers zu gelangen, doch die Alten verdammten den Wucherer noch mehr. Wenn also der Dieb durch Köpfen bestraft wird, sollte der Wucherer gekreuzigt werden. Das war das Urteil vergangener Zeiten. Heute betrachtet man beide gleichermaßen als gräßliche Verbrecher. Bei einem solch schweren Vergehen ist es nicht einfach, die angemessene Strafe zu benennen.

Ein Dieb werden

Niedere Gefolgsleute müssen zur gleichen Zeit ihren verschiedenen Vorgesetzten gegenüber folgsam sein wie auch Geduld gegen die ungleichen Qualitäten ihrer Kameraden aufbringen. Wenn sie das große Glück haben, befördert zu werden und selbst den Befehl über eine

Kompanie zu erhalten, sollten sie ihren Untergebenen freundlich und aufmerksam begegnen und gleichzeitig ihren eigenen Pflichten gegenüber dem Fürsten nachkommen. Es ist wohl unnötig zu betonen, daß sie nicht parteiisch sein sollten, doch wenn sie mit der Zeit auf leitende Positionen gelangen, läuft ihre Einstellung Gefahr, sich zu ändern. Zum Beispiel waren Sakuma, ein Vasall des Oda, und Uozumi, ein Vasall von Hashiba, als bescheidene Samurai zunächst bewundernswert. Doch sie taten Schlechtes, als sie zu hohen Ämtern kamen, und wurden deshalb von ihren Fürsten fallengelassen. Bald waren sie infolgedessen ruiniert.

Faulheit

Wie ich zu Beginn sagte, muß ein Samurai im Heute leben und darf sich nicht ums Morgen sorgen. Wenn er Tag für Tag eifrig und genau das erledigt, was zu tun ist, gibt es keinen Grund für ihn, Scham oder Bedauern zu empfinden. Ärger entsteht, wenn Menschen sich von der Zukunft abhängig machen, faul werden und Dinge vernachlässigen oder wirklich wichtige Angelegenheiten nach langen Diskussionen beiseite legen, ganz abgesehen von den weniger wichtigen, weil sie glauben, daß sie sich genausogut am nächsten Tag darum kümmern könnten.

Sie schieben eine Sache einem Kameraden zu und machen für eine andere den nächsten verantwortlich, versuchen jemanden zu finden, der ihre Aufgaben für sie erledigt, und wenn das schiefgeht, lassen sie alles liegen, bis sich schon bald ein Stapel unerledigter Arbeiten angehäuft hat. Dieser Fehler entsteht, weil sie sich von der Zukunft abhängig machen. Ihr solltet euch davor hüten. Wenn man zum Beispiel zu einer Wache eingeteilt ist, muß man genau ausrechnen, wie lange man zum Ort des Einsatzes braucht, so daß man gerade etwas zu früh dort ankommt und den Dienst übernehmen kann.

Einige Dummköpfe verschwenden erst einmal ihre Zeit mit Rauchen, wenn sie schon losziehen sollten, oder schwatzen mit ihren Frauen und Kindern, verlassen dann ihr Haus zu spät und müssen sich folglich beeilen, so daß sie die Menschen auf der Straße nicht erkennen, an denen sie vorbeirennen. Wenn sie an ihrem Zielort ankommen, schwitzen sie und wedeln selbst in kalten Jahreszeiten mit ihren Fächern; dann müssen sie einleuchtende Erklärungen für ihr Zuspätkommen finden und eine ungeheuer dringende Angelegenheit anführen, die sie noch zu erledigen hatten. Wenn ein Samurai Wache in der Burg seines Fürsten halten muß, sollte er niemals aus privaten Gründen zu spät kommen. Und wenn jemand dafür Sorge trägt, ein bißchen zu früh am Einsatzort zu sein, dann jedoch auf einen Kameraden warten muß, der zu spät kommt, sollte er sich weder hinhocken und gähnen, noch sollte er sich beeilen fortzukommen, wenn seine Dienstzeit um ist, als befände er sich nur widerstrebend in den Gemächern des Fürsten.

Auf dem Weg

Sollten sich beim Durchqueren eines Flusses oder auf einem Fährboot zwei Daimyôs begegnen und zwischen ihren Gefolgsleuten ein Disput ausbrechen, an dem sich ihre Kameraden beteiligen, wodurch ein allgemeiner Streit entsteht, wird es schwer sein, ihn zu beenden, wenn beide Fürsten ebenfalls darin verwickelt sind. Erinnere dich daran, daß Streit von unten entsteht, also beschwöre, wenn du mit deinem Fürsten reist, jeden bis zum niedrigsten Rang, nichts Unvernünftiges zu tun.

Wenn du deinen Fürsten zu Fuß in Edo begleitest, einen anderen Daimyô auf dem Weg triffst und ein junger Samurai an der Spitze deiner Gruppe in ein Wortgefecht gerät und niedergestreckt wird, mußt du sofort bereit sein, die Lanzen des Fürsten vom Träger zu bekommen. Ist es unmöglich, die Angelegenheit friedlich zu bereinigen, und ziehen alle Gefolgsleute ihre Schwerter und beteiligen sich an dem Kampf, solltest du sofort das Pferd des Fürsten an die Seite seines Palankins bringen und ihm beim Aufsteigen helfen, seine Lanze aus der Hülle ziehen, ihm übergeben und zur gleichen Zeit bereit sein, das eigene Schwert zu ziehen und die eigene Lanze zu halten.

Wenn du deinen Fürsten zu einem unterhaltsamen Ort begleitest und dort eine Störung in den Zimmern zu entstehen droht, solltest du mit dem Schwert in der Hand auf die Veranda gehen und den Gehilfen verkünden: »Ich bin Soundso, ein Gefolgsmann des Fürsten Soundso. Weil es dort drinnen unruhig wird, mache ich mir etwas Sorgen um meinen Fürsten und habe mich deshalb so weit herausgewagt.« Vielleicht antworten dann die Gehilfen: »Wir glauben nicht, daß etwas Ernstes anliegt, obwohl es natürlich ist, daß du dich sorgst. Doch weil deinem Fürsten keine Gefahr droht, beruhige dich nun wieder.« Das kannst du deinen Kameraden berichten. Jeder wird sich freuen, solches zu hören. Dann solltest du den Gehilfen fragen, ob der Fürst dich empfängt, und wenn du ihn gesehen hast, dich gleich wieder zurückziehen.

Gefühle zeigen

Ein Samurai, der etwas Besonderes für seinen Fürsten getan hat, das er selbst für außerordentlich hält und wofür ihn andere loben, sollte bedenken, daß der Fürst ganz anders darüber empfinden mag. Selbst wenn er innerlich bewegt ist, mag ihn etwas daran stören. Wenn also der Gefolgsmann keine Belohnung erhält und glaubt, daß seine Leistung übersehen wurde, wird er sich womöglich unzufrieden über die Undankbarkeit des Fürsten zeigen. Es muß nicht betont werden, daß dies der Irrtum eines Mannes ist, der nicht achtet, was wahrer Dienst bedeutet.

Die Samurai der Bürgerkriegszeiten waren unzählige Male auf dem Schlachtfeld und riskierten freien Herzens ihr Leben für ihre Fürsten und Kommandanten, doch redeten sie nicht über ihr Verdienst oder ihre mutigen Taten. Dienst in Friedenszeiten besteht dagegen bloß aus dem Sitzen auf Matten, dem Aneinanderreiben von Handrücken und dem Schlagen von Schlachten mit ein paar Zentimetern Zunge, jedoch gewiß nicht darin, das Leben im Krieg zu riskieren.

Doch ob im Frieden oder Krieg, es ist die Pflicht der Samurai, genau im selben Geist der Loyalität zu dienen. Ob das, was sie tun, etwas Lobenswertes ist oder nicht, bleibt dem Urteil ihres Fürsten überlassen. Es genügt, wenn sie entschlossen ihre Aufgaben erledigen und keine Unzufriedenheit äußern.

Loyal sterben

Ein Samurai schuldet seinem Fürsten viel und denkt womöglich, er könne dies kaum zurückzahlen, außer wenn er *junshi* begehe, das heißt, ihm in den Tod folge. Doch das ist vom Gesetz her verboten, und bloß den üblichen Dienst von den häuslichen Matten aus zu leisten auch nicht wünschenswert. Was bleibt da noch? Ein Mann mag sich eine Gelegenheit wünschen, etwas Herausragenderes zu tun als seine Kameraden, sein Leben hinzugeben und etwas zu erreichen. Wenn er entschlossen seinen Geist auf solches ausrichtet, ist das hundertmal besser, als *junshi* zu begehen. So kann er zum Retter nicht nur seines Fürsten, sondern all seiner Samuraikameraden von niederem und hohem Rang werden, an den man sich bis ans Ende der Zeiten als beispielhaften Krieger erinnert, der die drei Qualitäten der Loyalität, des Glaubens und der Tapferkeit in sich vereinte.

Stets verfolgt allerdings ein böser Geist die Familie einer Person von Rang. Zuallererst verflucht der Geist diese Familie, indem er den Tod eines jungen Samurai infolge eines Unfalles oder einer Epidemie verursacht, der die drei Tugenden eines Kriegers besaß und von großem Wert für seinen Fürsten und den gesamten Clan in der

Zukunft zu werden versprach, dessen Verlust also ein harter Schlag ist. Amari Saemon, der Kommandant der Samurai von Takeda Shingen, verunglückte als junger Mann bei einem Sturz vom Pferd tödlich, was dem Werk des verderblichen Geistes von Takasaki Danjô zugeschrieben wurde, der schon lange diese Familie heimgesucht hatte.

Als nächstes wird der böse Geist in denjenigen unter den Ratgebern, Älteren oder Samurai einfahren, dem der Fürst am meisten vertraut, damit er den Geist des Fürsten verwirre und ihn zu Ungerechtigkeit und Unmoralischem verführe. Beim Täuschen des Fürsten kann der Samurai sechs Wege beschreiten.

Zuerst könnte er den Fürsten davon abhalten, irgend etwas zu hören oder zu sehen, und es bewerkstelligen, daß die anderen Gefolgsleute ihre Ansichten nicht äußern können oder, selbst wenn sie es tun, diese Ansichten nicht angenommen werden; es gelingt ihm, daß sein Fürst nur ihn als unverzichtbar ansieht und alles tut, um ihn zu halten.

Zweitens kann er dafür sorgen, daß ein vielversprechender Gefolgsmann, der dem Fürsten nützlich werden könnte, in eine andere Gegend versetzt und vom Fürsten ferngehalten wird, statt dessen aber nur eigene Verbindungsleute, die mit ihm übereinstimmen, ihm ergeben sind und nie widersprechen, in die Nähe des Fürsten lassen; so verhindert er, daß sein Fürst je etwas über seinen anmaßenden Lebensstil erfährt.

Drittens könnte er seinen Fürsten überzeugen, eine weitere Gemahlin zu nehmen, weil er nicht genügend Nachfahren habe, und junge Frauen herbeischaffen, ohne zu fragen, aus welchen Familien sie stammen, solange sie nur gut aussehen. Dann wird er Tänzer, *Biwa*[62]- und *Shamisen*[63]-Spieler versammeln und dem Fürsten versichern, daß diese nötig seien, um ihn zu zerstreuen und seine Langeweile zu vertreiben. Selbst ein Fürst, der von Natur aus klug und energisch ist, neigt dazu, von weiblichen Reizen abgelenkt zu werden, mehr sogar als einer, dem es an solchen Eigenschaften mangelt. Seine Unterscheidungskraft wird ihn folglich verlassen, er wird nur noch ans Vergnügen denken und davon immer abhängiger werden, bis er sich schließlich ganz Tanz und Frohsinn hingibt und zu jeder Tages- und Nachtzeit Trinkgelage abhält. Seine Zeit wird er nur noch in den Gemächern der Frauen verbringen, ohne an offizielle und administrative Aufgaben zu denken, und er wird allein den Gedanken hassen, über diese Dinge mit seinen Ratgebern reden zu müssen. Alles bleibt daher in den Händen des einen bösen Gefolgsmannes, der Tag für Tag seine Macht ausbaut; so entwickelt sich das ganze Haus vom Schlechten zum Schlimmsten.

Viertens könnten unter solchen Umständen, in denen alles geheimgehalten wird, Ausgaben anwachsen, alte Bestimmungen durch neue ersetzt und Zuteilungen beschnitten werden, so daß die niederen Ränge in große Not gerieten, um die sich niemand kümmerte, nur damit ihr Fürst im Schoß des Luxus leben könnte. Wenn die Betroffenen auch öffentlich nichts sagen würden, herrschte unter allen Gefolgsleuten die größte Unzufriedenheit. Nach einer Weile gäbe es keinen mehr, der einzig seinem Fürsten treu wäre.

Fünftens sollte zwar ein Daimyô vor allem auf dem Weg des Kriegers erfahren sein, doch wird in einer Zeit des Friedens der bösartige Ratgeber sich sowieso nicht darum scheren und überhaupt kein Interesse an Kriegskunst und an einem Besuch der Armee zeigen. Jeder in der Familie wird diese Einstellung gern teilen, keiner wird sich mehr um militärische Pflichten kümmern oder Zuteilungen für Waffen und Zubehör machen, sondern alle werden sich nur um die Gegenwart kümmern. Niemand, der die Familie in diesem Zustand sähe, würde glauben, daß ihre Vorfahren bekannte Krieger waren. Sollte eine Krise eintreten und die Familie unerwartet treffen, würde nur noch Konfusion herrschen, niemand wüßte, was zu tun sei.

Sechstens wird ein Fürst, der so dem Vergnügen, der Trunksucht und der Liebelei verfallen ist, immer verwahrloster, bis seine Gesundheit angegriffen ist. All seine Gefolgsleute werden demotiviert, es wird ihnen an Ernsthaftigkeit mangeln, wenn sie ohne Führung von oben von einem Tag zum nächsten leben. Schließlich mag durch den Einfluß jenes bösen Geistes dem Fürsten etwas zustoßen.

Dieser Mann, der die Ursache für all das ist, dieser rachgierige Feind seines Herren und böse Geist seines Hauses, wird ohne Zweifel vom ganzen Clan verwunschen werden, aber selbst dann wird nichts weiter geschehen, als daß neun oder zehn Gefolgsleute zusammenkommen, um ihn anzuklagen und durch einen Krieg mit Argumenten zu verurteilen, ohne daß sie sich die Hände schmutzig machen. Doch in diesem Fall kann die Angelegenheit nicht aufgeklärt werden, ohne sie öffentlich zu machen. Dann werden der Fürst und sein Haus einer Untersuchung unterzogen, die Dinge werden ernster und möglicherweise ein Urteil durch die Regierung des Shôgun verhängt.

Zu allen Zeiten kam der Familienzweig eines Fürsten

zum Verlöschen, wenn ein Daimyô sich als unfähig erwiesen hatte, dessen Angelegenheiten zu regeln und von der Regierung diszipliniert worden war. Ein Sprichwort sagt: »Wenn du das Horn geradebiegen willst, tötest du den Ochsen, wenn du die Ratten jagst, verbrennst du den Schrein.« Wenn also das Haus des Fürsten ruiniert ist, werden seine Gefolgsleute entlassen und verlieren ihren Lebensunterhalt. Deshalb ist es am besten, diesen großen Schurken von Ratgeber, der der böse Geist des Hauses ist, zu ergreifen und entweder zu erstechen oder ihm den Kopf abzuschlagen, um ihm damit ein Ende zu setzen. Dann mußt du selbst sofort *seppuku* begehen. Denn so wird es keine Verhandlung oder Verurteilung bezüglich der Person des Fürsten geben, und der gesamte Clan kann weiterhin in Sicherheit leben, ohne daß es öffentliche Schwierigkeiten im Land gäbe. Wer so handelt, ist ein vorbildlicher Samurai, der etwas vollbringt, was hundertmal besser ist als *junshi*, weil er die drei Qualitäten von Loyalität, Glauben und Tapferkeit besitzt und einen ruhmreichen Namen für die Nachwelt hinterläßt.

Literarische und ästhetische Dinge

Bushidô beinhaltet zuerst die Eigenschaften der Stärke und Wucht, doch wenn man nur diese eine Seite entwickelt, ist man nichts als ein ungehobelter Samurai ohne großen Wert. Ein Gefolgsmann sollte also belesen sein und sich, wenn er die Zeit erübrigen kann, im Verseschmieden und der Teezeremonie üben. Wenn er nicht studiert, wird er nicht den Grund vergangener wie gegenwärtiger Dinge verstehen. Wie weltgewandt und scharfsinnig er auch sein mag, er wird sich selbst im Nachteil finden in Zeiten, die das Lernen fördern. Wenn man ein grundlegendes Verständnis der Angelegenheiten des eigenen Staates und fremder Länder hat, sorgsam die drei Prinzipien von Zeit, Ort und Rang bedenkt und dem besten Weg folgt, wird man in seinen Einschätzungen kaum danebenliegen. Darum rate ich, daß ein Samurai lerneifrig sein sollte. Wenn er allerdings schlechten Gebrauch von seinem Wissen macht, meinungsbeladen wird und auf die Ungebildeten herabschaut, weil sie es noch nicht bis auf seine Stufe geschafft haben, und wenn er alles Fremde verehrt und alles für schlecht hält, was nicht aus seinem Land stammt, wenn er so voreingenommen ist, daß er nicht erkennt, daß ein Ding, so gut es auch in der Theorie funktionieren mag, zur gegenwärtigen Zeit für Japan unpassend sein kann, dann hat sein Lernen nicht viel Gutes gebracht. Mit dieser Mahnung im Hinterkopf sollte der Samurai studieren.

Verseschmieden ist ein Brauch unseres Landes, große Soldaten aller Zeiten waren darin geschickt, so daß selbst ein bescheidener Gefolgsmann gut daran tut, bei Gelegenheit einen Vers zu dichten. Wer gänzlich davon aufgesogen wird und seine gewöhnlichen Aufgaben vernachlässigt, wird weich in Körper und Geist und alle kriegerischen Eigenschaften verlieren, bis er nur noch wie ein Hofsamurai aussieht. Besonders dann, wenn man sich zu sehr diesen kurzen *Haikai*[64]-Versen widmet, die gerade in Mode sind, kann man leicht schlagfertig, geistreich und witzig werden, selbst in Gesellschaft ernster und reservierter Kameraden. Mag das in der heutigen Gesellschaft auch unterhaltsam sein, ein Samurai sollte diese Haltung vermeiden.

Die *Chanoyu*[65] war seit den Zeiten der Kyoto-Shôgune ein besonderes Anliegen der Militärklasse. Auch wenn man jetzt noch kein begeisterter Anhänger davon ist, ist man willkommen, daran teilzunehmen und neben Menschen hohen Ranges zu sitzen, so daß man zumindest lernt, wie man das Teezimmer und sein Umfeld zu betreten hat, wie Arrangements und Vorgänge zu verstehen sind und wie die Mahlzeit korrekt zu essen und der Tee richtig zu trinken ist. Um die Regeln der Zeremonie zu erlernen, sollten Unterrichtsstunden bei einem Teemeister genommen werden.

Das Teezimmer ist sehr nützlich für den Genuß von Entspannung und Ruhe, weit weg von Verschwendung und Luxus. Darum findet man auch auf den Grundstükken der Reichen und Beamten diese strohgedeckten Hütten mit Pfeilern aus Naturholz und Dachsparren aus Bambus, die in ihrer Schlichtheit in ein stilles von Bergen umgebenes Tal eingebettet zu liegen scheinen, mit einfach vergitterten Fenstern, Bambusblenden und einer rustikalen Eingangspforte. Auch die Teekessel und die anderen Utensilien sind ohne jedes unnötige Ornament, doch von reiner und zurückhaltender Form, die gänzlich die Unreinheiten des täglichen Lebens meidet. Daraus spricht ein Geist, der – kultiviert – meines Erachtens den Weg des Kriegers versüßen wird.

Man kann einen Platz für *Chanoyu* auch gestalten, wenn man nur Bilder von gegenwärtigen Malern, Teeutensilien moderner Töpfer und einen Teekessel aus Ton besitzt, da preiswerte Dinge mit dem kargen Weg der Teezeremonie in Einklang stehen. Doch bei allem neigt das Einfache dazu, kompliziert zu werden, Luxus mag auftauchen und zum Beispiel dann, wenn man jemandes Ashiya-Teekessel sieht, eine Art Abscheu vor dem eigenen Tonkessel entstehen, so daß man sich bald wünscht, nur noch Utensilien von Wert zu besitzen. Dann entwickelt man ein Auge für guten Handel und Kennerschaft, so daß man ein edles Teil für eine kleine Summe zu erstehen lernt. Wenn man etwas Attraktives in eines anderen Haus entdeckt, wird man den Besitzer dauernd deswegen belästigen oder etwas dafür tauschen wollen, natürlich in der Absicht, das Beste für sich selbst zu bekommen. Das ist die Natur eines Feilschers und degradiert den Weg des Kriegers zu dem des bloßen Händlers. Ehe man eine solche Art von Teezeremonie praktiziert, sollte man lieber gar nichts von ihr verstehen und nicht einmal wissen, wie man Pulvertee trinkt. Es ist besser, ein bißchen ungehobelt zu sein, als den Wert des *Bushidô* zu vermindern.

Nachwort

Das *Hagakure* (»Hinter den Blättern«) ist eine Sammlung von etwa tausenddreihundert kurzen Lektionen, Episoden und Aufzeichnungen, die mit dem »Weg des Samurai« in Verbindung stehen, entstanden im frühen achtzehnten Jahrhundert. Es wird allgemein angenommen, daß es von dem Samurai Yamamoto Tsunetomo, nachdem er Zen-Mönch geworden war, seinem leidenschaftlichen Gefolgsmann Tashiro Tsuramoto diktiert wurde, der die Worte seines Lehrers in elf Bänden zusammenfaßte. Der Originaltext wurde bis heute nicht gefunden. Er zirkulierte zunächst handkopiert unter den jungen Samurai des Nabeshima-Clans in West-Japan. Soweit bekannt, haben weniger als drei Dutzend Kopien die letzten fast dreihundert Jahre überstanden. Jede Kopie unterscheidet sich etwas von der anderen durch Auslassungen, Ergänzungen und falsch abgeschriebene Worte. Für diese Übersetzung wurde die »Yamamoto-Kopie« verwendet, die als eine der verläßlichsten in der Präfekturbibliothek von Saga aufbewahrt wird.

Das *Hagakure* zeichnet sich durch äußerst knappe und komprimierte Weisheiten aus, die zusammen mit Abschriftfehlern zu einigen Problemen bei der Übersetzung ins moderne Japanisch führten, erst recht bei der Übertragung in europäische Sprachen. Folglich enthalten verschiedene moderne japanische Ausgaben des *Hagakure* unterschiedliche Interpretationen wichtiger Stellen. Um den Geist des Werkes in dieser Übersetzung wiederzubeleben, erwies sich ein Buch von Sagara Wataru mit dem Titel *Mikawa Monogatari; Hagakure* mit maßgeblichen Anmerkungen als überaus hilfreich.

Die elf Bände des *Hagakure* enthalten, zusammen mit dem einführenden Kapitel »Ein besinnliches Nachtgespräch«:

Band 1, 2: Lektionen
Band 3: Geschichten über Nabeshima Naoshige, den Gründer des Nabeshima-Clans
Band 4: Geschichten über Nabeshima Katsushige, den ersten Fürsten des Clans
Band 5: Geschichten über Nabeshima Mitsushige und Nabeshima Tsunashige, den zweiten und dritten Fürsten des Clans
Band 6: Alte Ereignisse und Aufzeichnungen des Clans
Band 7–9: Geschichten über die Gefolgsleute des Nabeshima-Clans
Band 10: Geschichten über die Gefolgsleute anderer Clane
Band 11: Ergänzungen

Die Datumsangaben auf den ersten und letzten Seiten des *Hagakure* deuten an, daß es sieben Jahre dauerte, bis es beendet war. Einige kleine Hinweise in den Bänden 3–10 weisen jedoch darauf hin, daß manche Geschichten aus einer anderen Quelle als von Yamamoto Tsunetomo stammen könnten und geschickt von Tashiro Tsuramoto eingebaut wurden, der wohl stark inspiriert von den Ausführungen seines Lehrers (in den Bänden 1 und 2) war und selbst nach weiterem gleichartigen Material forschte.

Kein Buch wurde in Japan seit dem Ende des Zweiten Weltkrieges mehr verdammt als das *Hagakure*, weil es als Mittel mißbraucht worden sein soll, die japanische Jugend zu ermutigen, sich in der verzweifelten Endphase des Krieges blind in den Tod zu stürzen, und zwar durch die klassische Stelle: »*Bushidô*, der Weg des Samurai, so habe ich herausgefunden, liegt im Sterben.«[66] Bei genauerem Hinsehen erkennt man freilich, daß die Lehren des *Hagakure* Yamamoto Tsunetomos leidenschaftliche Analekten einer Friedenszeit darstellen, in deren Mittelpunkt der Weg des Samurai und der zentrale Gedanke, »wie ein wahrer Samurai zu sterben«, steht. So vererbte er den tugendhaften Geist der Krieger vorangegangener Kriegszeiten und schaffte ein Bollwerk gegen den Einfluß des Konfuzianismus, der dem Shogunat der Tokugawa freilich half, das gesamte Japan in konsolidierter Feudalordnung zu halten.

In der *Philosophie des Wahnsinns. Ästhetik des Handelns*[67], der *Existenzphilosophie*[68] und so weiter von zeitgenössischen Gelehrten bis hin zur *Philosophie des übertriebenen Geistes*[69] des späten Yukio Mishima, der 1970 einen tragischen und rätselhaften Selbstmord beging, liefert das *Hagakure* stets das führende Konzept, »zu sterben«, als wahre Grundlage des Lebens eines Samurai. Obwohl der Text reich an Weisheit ist, die leicht in der heutigen Welt Anwendung finden kann, muß der Leser sich zuerst mit Yamamoto Tsunetomos komplexer Theorie vom Sterben vertraut machen, die aus verschiedenen Blickwinkeln erfaßt wird, ehe er das *Hagakure* verstehen kann.

Yamamoto Tsunetomo

Yamamoto Tsunetomo wurde 1659 als zerbrechliches sechstes Kind von Yamamoto Jin'uemon Shigezumi in Saga geboren, etwa fünfundfünfzig Jahre nachdem Tokugawa Ieyasu nach langjährigen Bürgerkriegen die Kontrolle über ganz Japan erlangt hatte. Tsunetomos Vater, ein tapferer Krieger, der bei der Sommerbelagerung der Ôsaka-Burg im Jahre 1615 ebenso kämpfte wie 1638 gegen die aufständische Christen-Miliz[70], vergaß keinen Augenblick, den gebrechlichen Sohn zu ermutigen, ein Samurai von Mut und Ehre zu werden.

Mit neun Jahren wurde Tsunetomo als Juniorknappe in den Dienst von Nabeshima Mitsushige berufen, dem zweiten Fürsten des Nabeshima-Clans. Mit neunzehn Jahren wurde er zum Assistenzschreiber von Mitsushige, was er einem frühen Aufflackern seines literarischen Talentes verdankte. Bald jedoch wurde er aus diesem Dienst entlassen und lebte in völliger Mutlosigkeit, bis er mit achtundzwanzig Jahren nach einer kurzen Periode unterbrochenen Dienstes wieder eine Stelle als Schreiber bekam. In dieser Zeit, in der er nach dem Sinn des Lebens fragte, suchte er den Zen-Mönch Tannen auf, einen angesehenen Zen-Meister, unter dem er Zen-Buddhismus studierte, was sich in Tsunetomos Auffassung einer stetig degenerierenden Gesellschaft und der Leere der Welt widerspiegelt. Auch andere Ausdrücke weisen auf Tannens Einfluß hin, so »die große Gnade« und die Idee, daß die »Tugend der Konzentration mit dem reinsten Herzen mit der Tugend der Freiheit von allen Ideen und Gedanken einhergeht«. Seine jungen Jahre wurden außerdem belebt vom herausragenden Konfuzianer des Clans, Ishida Ittei, der mit seiner unveränderlichen Rechtschaffenheit mehr als der Konfuzianismus selbst Tsunetomo zu dem brennenden Entschluß inspirierte, den Clan notfalls auch ganz allein zu verteidigen.

Nachdem er mit achtundzwanzig Jahren als Schreiber zur Residenz des Clans in Edo (Tôkyô) bestellt worden war, diente er dem Fürsten Mitsushige bis zu dessen Tod im Jahre 1700. Tsunetomos Status zu dieser Zeit war der eines Mittelklasse-Vasallen. Bevor er sein lebenslanges Ziel in seinen Fünfzigern erreichte – einen Posten als älterer Ratgeber – brach er seinen Gefolgsdienst im Alter von zweiundvierzig Jahren beim Tode seines Fürsten ab. Der hatte jedoch 1661 ein Dekret erlassen, das Gefolgsleuten untersagte, ihren Herren durch *seppuku* in den Tod zu folgen. Das wäre für Tsunetomo ansonsten naheliegend gewesen, in dem die persönliche Aufmerksamkeit des Fürsten ihm gegenüber längst den Wunsch genährt hatte, für seinen Herrn zu sterben. Nun blieb nur noch, entweder dessen Sohn zu dienen oder Priester zu werden, um für den Frieden des toten Fürsten zu beten. Tsunetomo wählte das Priesterdasein und verbrachte die letzten Tage seines Lebens in seiner Klause einige Kilometer von der Stadt Saga entfernt.

Zehn Jahre später wurde seine Einsiedelei von dem verzweifelten Tashiro Tsuramoto besucht, damals achtunddreißig Jahre alt, dessen Suche nach der Wahrheit gänzlich gescheitert war. Auch er war Schreiber gewesen und aus unbekannten Gründen entlassen worden. Er nährte sein geplagtes Herz, indem er Tsunetomos Erzählungen zahlloser Episoden lauschte, die den wahren und traditionellen Geist der alten Samurai enthielten. In den folgenden sieben Jahren (was allerdings noch genauer untersucht werden müßte) zeichnete er die Worte seines Lehrers auf. Obwohl Tsunetomo ihn ausdrücklich anwies, die ursprünglichen Bände zu verbrennen (oder genau deswegen) wurde das *Hagakure* von der eifrigen Jugend des Saga-Clans von Hand kopiert und verbreitet.[71] Tatsächlich klingt es auch heute noch wie eine Warnung für empfängliche junge Menschen, mit all den lebendigen Zeilen voller unbezähmbarer Energie.

Historischer Hintergrund

Als das *Hagakure* entstand, waren bereits mehr als hundert Jahre seit dem Ende des Zeitalters der Kämpfenden Daimiate (Sengoku-Periode, 1467–1590) und der Konsolidierung des Tokugawa-Shogunats vergangen und mehr als siebzig Jahre seit dem Christenaufstand von Shimabara. Ein Ansteigen vorindustrieller Produktion und des Handels führten zum Aufstieg der Städte[72], der von einem Erblühen der Künste begleitet wurde, das in der Dekadenz der Genroku-Ära (1688–1711) endete.

Die angespannte und unsichere Zeit, in der der Nabeshima-Clan von Nabeshima Motoshige im Jahre 1590 begründet wurde, der ihn geschickt intakt hielt, als er nach dem Tod des mächtigen Herrschers Toyotomi Hideyoshi die Seiten wechselte von Toyotomis Lager zum aussichtsreicheren der Tokugawas, war in Yamamoto Tsunetomos Augen gänzlich von der des *Hagakure* verschieden, die von Dekadenz bestimmt wurde.

In einem solchen sozialen Klima konnte es kaum verwundern, daß der sorglose Geist der Kriegstage durch eine apathische, wankelmütige Haltung von Gefolgsleuten ersetzt wurde, deren Lebensunterhalt von den Zuteilungen ihrer Fürste abhingen, die sie ihnen als Angestellte gemäß ihrem Rang oder Status zuwiesen. Die Macht der Lehnsherren war viel stärker als die früherer Kriegsfürsten, die Gefolgsleute sahen sich gänzlich und bedingungslos den Lehnsherren unterworfen.[73] Bezahlte Gefolgsmänner, ohne persönliche Neigungen und starke Persönlichkeit, doch mit Talenten in ziviler Verwaltung, gelehrten Studien und den Künsten, ersetzten allmählich todesmutige alte Kämpfer, die jene Jahre der Schlachten überlebt hatten. Ein ausrangierter alter Krieger mit großen Kriegsverdiensten wird im *Hagakure* lebendig beschrieben, wie er aus Armut und Verzweiflung einen Raub begeht und prahlerisch während einer Schießübung des Clans sein Gewehr ohne Kugel abfeuert, um seine Verachtung gegenüber dem anwesenden jungen Prinzen auszudrücken. Die Gespräche junger Samurai drehten sich nur um Geld, Frauen und Kleidung. In den Straßen entdeckte man Samurai mit niedergeschlagenen Augen – ein ausdrückliches Zeichen dafür, daß es am überfließenden Mut der Kriegstage mangelte. Auch ein ehrwürdiger Arzt wird zitiert, der feststellte, daß die Samurai alle effeminiert waren, ihr einst männlicher Puls sich nicht mehr von dem zerbrechlicher Frauen unterschied.

All diese Zeichen friedvoller Zeiten gereichen natürlich dem Shogunat der Tokugawa zur Ehre. Mittels wohldurchdachter Verwaltung des ganzen Landes gelang es, mächtige Clans davon abzuhalten, sich in vereinigter Meuterei gegen die zentralisierte Kontrolle des Shogunats zu wenden. Die Tokugawa hatten alle Feudalherren Japans im Griff. Tsunetomo, der stets auf die vergangenen

Tage vom Kampfgeist beseelter Krieger zurückblickte, kamen diese Phänomene wohl bedauernswert vor. Jedes seiner Worte im *Hagakure* zielt auf eine Wiederbelebung der Samurai durch die unaufhaltsame Kraft des Kriegergeistes, als dieser noch nicht, mit dem Segen des Shogunats, von akademischer Rhetorik des Konfuzianismus verwässert war.

Der *Bushidô* des Hagakure

Um den grundlegenden Geist des *Hagakure* zu verstehen, muß die Zeile »*Bushidô* (der Weg des Kriegers) liegt im Sterben« analysiert werden. Im Gegensatz zum verbreiteten Glauben, daß Loyalität dem Lehnsfürsten gegenüber der wesentliche Faktor des Buches sei[74], verleiht das *Hagakure* dem Konzept des Sterbens eine zentrale Bedeutung und behandelt Loyalität dem Fürsten gegenüber nur als eine von vielen Ableitungen daraus. Die Philosophie des Sterbens transzendiert auf komplexe Weise den üblichen Samurai-Ehrenkodex beziehungsweise den des Gefolgsmannes im Dienst als Vasall.

Zuerst einmal paßt diese Philosophie zur Einstellung der Samurai-Kaste gegenüber der Scham. »Mit zwei Alternativen konfrontiert, Leben und Tod, sollte man ohne Zögern den Tod wählen«, so heißt es. Eine Anweisung, Selbstliebe und Zurückhaltung aufzugeben und sich direkt in den Rachen des Todes zu stürzen. Zu sterben, ohne sein Ziel vollendet zu haben, ist noch ehrenwürdig, im Widerspruch zur »verstädterten« Lehre des Konfuzianismus. Nach Yamamoto Tsunetomos Auffassung rettet einen Menschen der unbeugsame Wille, sich in den Tod zu stürzen, vor der Schande. Dieses schlichte Konzept war den Samurai verständlich, die im Notfall als Krieger zu kämpfen hatten. In den friedvollen Tagen der Tokugawa-Zeit waren die typischsten Auseinandersetzungen auf Leben und Tod freilich Raufereien. Deshalb lautet der erste Ratschlag von vieren im *Besinnlichen Nachtgespräch* auch: »Bleib nie hinter den anderen auf dem Weg des *Bushidô* zurück.« Diese Anweisung weist auf Schwertkämpfe hin, die das tapferste und ehrenvollste Verhalten des Samurai erforderten, das man mit dem auf den Schlachtfeldern vergangener Tage vergleichen konnte.

Um fähig zu sein, sich im entscheidenden Moment kopfüber in den Tod zu stürzen, muß jemand Tag und Nacht darauf vorbereitet sein, »über eine Vielzahl von Arten des Todes nachdenken und sich seine letzten Augenblicke vorstellen wie in Stücke zerhackt zu werden (...) in ein rasendes Feuer zu springen (...) in einen schwindelerregenden Abgrund zu fallen (...)«. So vorbereitet, kann jemand sich in einen beinahe wahnsinnigen, verzweifelten Zustand jenseits der Vernunft und des Selbstschutzes begeben. Das *Hagakure* lehrt also, durch tägliche Übung die mentale Einstellung für den richtigen Moment des Handelns zu gewinnen.

Die Philosophie des Sterbens bahnt sich den Weg in den Dienst des Gefolgsmannes: »... wenn jemand in jedem Augenblick den Tod erwartet (...) wird er seinem Fürsten das ganze Leben lang durch und durch fehlerlos dienen können.« Die Philosophie des Sterbens versichert hier dem entschlossenen Gefolgsmann ein erfülltes Leben. Freilich war der Vasall in Friedenszeiten nicht oft mit dem

Tod konfrontiert, weshalb diese Philosophie transformiert wurde in ein »Denken an den Fürsten mit Leib und Seele (...) mit unveränderlicher Ergebenheit«, von jedem Selbstinteresse gereinigt. Im Gegensatz zur plausibleren Loyalität der Konfuzianer war der Gefolgsmann, »der lange schon sein Leben aufgegeben hatte, sein Geist in Übereinstimmung mit dem seines Fürsten«, emotional an den Lehnsherren gebunden, nicht nur durch starre Logik. Dennoch wurde der physische Tod nicht vergessen: »Das schlimmste Schicksal für einen Gefolgsmann ist ein Entlassen aus seinem Dienst oder erzwungener Selbstmord durch *seppuku*.« Für das kleinste Fehlverhalten nämlich konnten Vasallen zum Selbstmord gezwungen oder ihres Lebensunterhaltes beraubt werden, ohne den sie verhungern mußten.

Die Philosophie des Sterbens wird im *Hagakure* oft durch andere Ausdrücke erklärt wie »rein und einfach werden« und »tägliches Sterben«: »Während man sich so bei jedweder Tätigkeit bemüht, kristallisiert etwas im Geiste. Dieses Etwas wirkt als Loyalität dem Fürsten gegenüber, als kindliche Pietät den Eltern gegenüber und als Mut auf dem Weg des *Bushidô*. Es wirkt auch noch auf viele andere Weisen.« Die Loyalität dem Fürsten gegenüber ist in der inbrünstigen Hingabe an den Augenblick enthalten. Der idealisierte Sinn des Sterbens liegt im glühenden Einsatz für das eigene Ziel, woraus Loyalität, Mut und kindliche Pietät entstehen.

Die Beziehung von Fürst und Gefolgsmann

Weiterhin wird das *Hagakure* charakterisiert von der Beziehung zwischen Gefolgsmann und Fürst, die die akademische Logik des Konfuzianismus ablehnt und sich auf emotionale, wenn nicht sentimentale persönliche Bande zwischen Fürst und Vasall stützt. Das resultiert wohl aus Tsunetomos eigenem vertrauten Dienst für seinen Fürsten Nabeshima Mitsushige. Tsunetomo verurteilt »plausibel aussehende Logik der Loyalität« als Vorwand für abergläubische Gerechtigkeit und Vernunft. Ein Mann, dessen analytischer Geist ihn ständig fragt, »ob diese oder jene Handlung loyal ist«, kann nicht gänzlich im Dienst des Fürsten aufgehen. Der ideale Gefolgsmann ist laut *Hagakure* einer, der an seinen Fürsten in blinder Ergebenheit denkt, ähnlich einem Liebhaber, und sich »sogar ein oder zwei Fehltritte« in seinem eifrigen Dienst leisten darf. Wohltuende Worte des Fürsten stärken das Band zum Vasallen noch mehr als finanzielle Zuwendungen.[75]

In Hinblick auf dieses emotionale Band muß die Praxis des *oibara* erwähnt werden, seinem Fürsten durch *seppuku* in den Tod zu folgen, was dem gemeinsamen Tod mit dem Fürsten auf dem Schlachtfeld in Kriegszeiten entspricht. Tsunetomo blieb aufgrund eines strikten Erlasses gegen *oibara* nichts anderes übrig, als nach dem Tod seines Lehnsherren Priester zu werden und täglich für den Frieden der Seele des Fürsten zu beten, um so seinen ewigen Dank für dessen zuvorkommende Behandlung auszudrücken. Hätte Tsunetomo *seppuku* begangen, wäre das Band zwischen ihm und seinem Fürsten zerrissen worden. Diese hochemotionale Bindung steht der damals durchaus populären konfuzianistischen entgegen, dem verstorbenen Fürsten Loyalität zu erweisen, indem man seinem Nachfolger mit einer noch treueren Gesinnung dient.[76]

So erklärt sich auch die Art, wie man dem Fürsten Widerspruch zeigen sollte. »Selbstsüchtige Wünsche werden mit dem Wort *kan* bezeichnet, Remonstranz gegen den Fürsten.« Das einzige Mittel, die fürstliche Verwaltung des Lehnswesens zu korrigieren, der offene Widerspruch, barg ein hohes Risiko, den Zorn des Fürsten zu erregen, und konnte einen das Leben kosten. Gelang es dem Gefolgsmann jedoch, erfolgreich seinen Herrn zu überzeugen, wurde er dafür gepriesen. Wenn nicht, mußte er sein »treues Herz« durch *seppuku* beweisen. In den Augen Tsunetomos führte dieser übertriebene Sinn für Gerechtigkeit durch Remonstranz zu nichts. Das *Hagakure* empfiehlt, mit dem Fürsten im stillen derartige Probleme zu besprechen, verschiedene andere Wege zu versuchen, wenn man nicht gleich gehört wird, und bereit zu sein, die Schmach für einen Fehler des Fürsten auf die eigenen Schultern zu laden und dafür sein Leben hinzugeben.

Der eifrige Dienst als Gefolgsmann für den Fürsten und die Verteidigung grundlegender Samuraiehre durch Duelle, die beiden ewig unvereinbaren Ideen von Opfer und Selbstbehauptung also, werden im *Hagakure* auf bezeichnend andere Art behandelt als das übliche Prinzip dieser Zeit, das die Loyalität vor alles andere setzte. Das *Hagakure* warnt keinesfalls vor blind-todesverachtendem Verhalten, das frei von sekundären Gedanken an Resultate und Belohnungen ist, wenn die Samuraiehre auf dem Spiel steht.

Etwa bei einer Beleidigung, Herausforderung oder pflichtgetreuen Hilfe für einen Freund in mißlicher Lage – und das im vollen Wissen um den sicher folgenden Tod durch *seppuku,* denn alle privaten Auseinandersetzungen wurden mit dieser Todesstrafe abgeurteilt, nach dem Prinzip, daß stets beide Parteien schuldig seien. Neben wenigen Fällen, in denen Gefolgsleuten nach kleineren Streitereien die Duelle ausgeredet wurden, indem man sie an ihre Pflichten gegenüber dem Fürsten erinnerte, beschreibt Tsunetomo häufiger blutige Zwistigkeiten. So scheint es, als würde er für den ehrenhaften Schwertkampf plädieren, mit dem man sich Schmach unter unvermeidbaren Umständen ersparte, selbst wenn der im Widerspruch zu den Verpflichtungen als Vasall stand.

Während Selbstbehauptung als Gefolgsmann normalerweise die Form der Remonstranz gegenüber dem Fürsten annahm und mit dem Tod des Vasallen endete, konnte die Behauptung als Samurai gegenüber dem Clan auf der Grundlage des Samurai-Ehrenkodexes, die auch mit dem Tod hätte bestraft werden müssen, häufig die Bewunderung des Fürsten erringen, der den betreffenden Vasallen dann begnadigte.[77] Bemerkenswert ist auch, daß die Loyalität, die man dem Fürsten entgegenbrachte, noch übertroffen werden konnte durch die einem Vorgesetzten oder Herrn des Hauses gegenüber, dem man angehörte. Als Beispiele seien der Samurai angeführt, der die Exekution eines Beamten verhindern wollte, indem er dessen Schuld verschwieg und sie auf sich nahm, oder ein Vasall, der selbst bei der Androhung von Folter kein Wort gegen seinen Herrn äußerte, dem ein grobes Vergehen vorgeworfen wurde. All diese Gefolgsleute wurden wegen ihres wahren Samuraigeistes gelobt. Tsunetomos Absicht war, aus friedvollen, weichen Gefolgsleuten männliche und sich selbst behauptende Samurai zu machen, damit sie ihrem Fürsten nicht als Bürokraten, sondern als mutige Vasallen mit dem Herzen eines Kriegers dienen konnten.

In einem anderen Fall übrigens, wo ein Gefolgsmann (Speerträger) dem Lehnsfürsten ein strafwürdiges Vergehen seines Hausherrn gemeldet und ihn dadurch hintergangen hatte, verurteilte der Lehnsfürst diesen Vasallen unverzüglich zum Tode.

Die höchste Form der Loyalität und der Liebe

Was das *Hagakure* weiterhin einzigartig macht, ist die offensichtliche Lücke zwischen seinen Ideen von der höchsten Form der Loyalität gegenüber dem Fürsten und dem Konzept, »zu sterben und die Liebe für sich behalten zu haben.« Tsunetomos Ziel war, in seinen Fünfzigern Ratgeber zu werden und so am effektivsten seinen Fürsten korrigieren zu können, wodurch sich die »höchste Form der Loyalität« manifestiert hätte. Doch sein Fürst starb, als Tsunetomo zweiundvierzig Jahre alt war und sich erst auf mittlerer Befehlsebene befand. Mit solchermaßen erschütterten Ambitionen faßte er den Entschluß, sich »dem Fürsten nützlich zu machen« und seine Gefolgstreue im Ersatz fürs verbotene *seppuku* dadurch zu beweisen, daß er Zen-Mönch wurde. So glaubte er Schmach vom Fürsten abzuwenden, denn es wäre entwürdigend gewesen, wenn dieser ohne Gefolgsleute »in die andere Welt« übergetreten wäre.

Noch gefühlsbetonter wirkt Tsunetomos Konzept der Liebe. »Mit unausgesprochener Liebe zu sterben, das Herz nicht einmal der Person offenbarend, die man liebt«, formuliert seine Idee der höchsten Form homosexueller Liebe, die damals an Reinheit und Selbstaufopferung der Liebe zwischen Mann und Frau als weit überlegen angesehen wurde. Tsunetomo glaubt, je unvernünftiger ein Fürst seinen Gefolgsmann behandelt, desto ergebener sollte dieser das Beste für seinen Herrn erwirken wollen, ohne daß es der Fürst wissen müsse – genau wie das Herz eines Mannes mit noch mehr Sehnsucht angefüllt werde, wenn ihn seine Geliebte abweisend behandele.[78] Dieser Glaube resultiert aus den Dienstjahren mit niederem Rang, wo die diskret verborgene Loyalität des Gefolgsmannes und seine Bereitschaft, für den Herrn zu sterben, doch niemals dessen Aufmerksamkeit verlangte. Dieses Konzept der Liebe wird dem Leser stärker vorkommen als das der höchsten Form der Loyalität, das von anderen Taten verlangt, die Tsunetomo selbst nicht vollbringen konnte beziehungsweise durfte.

Solche emotionalen Bindungen konnten jedoch nicht zwischen dem Fürsten und niederrangigen Samurai erwartet werden, die keinen persönlichen Kontakt zu ihrem Fürsten hatten. Tsunetomo betont, daß man »den Fürst mit ungebrochener Hingabe hochschätzen«, dankbar für »die aufmerksame Behandlung seiner Vorfahren« und für »die Geburt in diesen ehrenhaften Clan« sein muß, vergißt aber nicht zu erwähnen, daß »in einem Zeitalter, in dem alles niedergeht, es wesentlich leichter ist, jemand von Bedeutung zu sein«, womit er junge Vasallen drängt, sich den Anforderungen des Lebens zu stellen.

Konfuzianismus und das Hagakure

Der Konfuzianismus spielte eine wesentliche Rolle als Stütze der feudalistischen Sozialordnung. Besonders die Chu-tzu-Schule mit ihrer Theorie dualistischer Konfrontation des Positiven und Negativen formulierte die Unterordnung des Niederen unter das Höhere und regulierte die Beziehungen zwischen Fürst und Gefolgsmann, Vater und Sohn, Ehemann und -frau, Samurai und Bauer sowie alle anderen. Gebildete Konfuzianer wie Yamaga Sokô, Itô Jinsai und Ogyû Sorai gründeten ihre Schulen als Antwort auf die Chu-tzu-Lehre von Hayashi Razan (1583–1657), einem Protegé des Shogunats. Die neuen Schulen betonten positive Handlungen, eine menschliche Grundeinstellung und das Heranziehen von Fakten. Ihr Ziel war allerdings auch das Sichern der Feudalstrukturen durch Anwendung des Konfuzianismus.

Wir wissen schon vom Konflikt des *Hagakure* mit den konfuzianischen Prinzipien im Falle der Remonstranz und des *oibara*-Geistes. Natürlich war dem *Hagakure* mit seinem gefühlsbetonten Liebeskonzept die konfuzianische Lehre zu starr. Der junge Tsunetomo muß mehr als den Konfuzianismus den unbeugsamen Geist des Gefolgsmannes kennengelernt haben, als er beim Konfuzianer Ishida Ittei in die Lehre ging, der sich in seine Einsiedelei zurückzog, nachdem er sich aufgrund seiner Aufrichtigkeit den Zorn seines Fürsten zugezogen hatte.

Auch Yamaga Sokô (1622?–1685?) und sein Nachfolger Ôtomo (Daidôji) Yûzan (1639–1730) sprachen in ihren Werken vom alltäglichen Sinn für den Tod.[79] Yûzans *Budô Shoshinshû* (Über die ursprüngliche Leidenschaft auf dem Weg des Samurai) fordert nach Loyalität, kindlicher Pietät und anderen konfuzianisch inspirierten Notwendigkeiten aufgrund der ständigen Nähe des Todes zu streben.[80] Für Tsunetomo liegt »*Bushidô* im Sterben«, Loyalität und andere Attribute sind darin enthalten. Es besteht also ein fundamentaler Unterschied zwischen beiden Werken. Yamaga Sokô legt Wert auf vorherbestimmte Gerechtigkeit und Rechtschaffenheit und greift die Praxis des *oibara* an, weil sie gänzlich unvernünftig sei.[81] Verbannt aus Edo wegen seiner Revolte gegen die herrschende Chu-tzu-Lehre, unterrichtete er Gefolgsleute der Provinz Akô. Kein Wunder, daß Tsunetomo im *Hagakure* die Rache der herrenlosen Samurai von Akô (1701) kritisiert, weil sie zu lange (zweiundzwanzig Monate) gedauert und auf den opportunsten Moment gelauert habe, öffentliche Anerkennung dafür zu bekommen, daß sie ihren exekutierten Fürsten durch den Mord an einem hochrangigen Shogunatsbeamten rächte. Diesem »verstädterten *Bushidô*«, wie Tsunetomo es nennt, war sofortiges und todesverachtendes Handeln fremd, wie es das *Hagakure* fordert.

Der Konfuzianer Ogyû Sorai (1666–1728) forderte, nachdem er die Chu-tzu-Schule verlassen hatte, das Studium der *Analekten* und kritisierte den *Bushidô* als Überbleibsel der Kamakura-Zeit (dreizehntes und vierzehntes Jahrhundert), das durch unlogische Bräuche der Kriegsära wiederbelebt und mit höchst fragwürdigen Zusätzen angereichert worden sei. Da der Weg des Samurai gemeinhin als *shidô*, *budô*, *mononofuno michi* und so weiter bezeichnet wurde, mußte das *Hagakure* mit seinem ketzerischen *Bushidô* natürlich als exzentrische Schrift angesehen werden, die dem konfuzianischen *shidô* entgegenstand.

Der Buddhismus und das Hagakure

Schon als junger Mann wurde Tsunetomo in der einfachen, selbstgenügsamen und stoischen Zen-Philosophie vom prominenten Priester Tannen unterwiesen und beschwert sich folglich über die wie bei Taschendieben umherirrenden Augen junger Samurai und den femininen Puls von Männern. Seine Sicht auf den Niedergang der Welt ist jedoch niemals verbittert. Er ermutigt junge Menschen, an sich selbst zu arbeiten und die alten Bräuche nicht zu vergessen.

Die Pflege mentaler Kraft und Disziplin im Zen kommen einem Krieger entgegen, dessen Geist sich auf den verzweifelten Kampf konzentrieren muß und nichts sonst.[82] Im *Hagakure* wird empfohlen, alle Zurückhaltung, Selbstliebe und Zweifel angesichts des Todes aufzugeben. Was die völlige Gelassenheit des Geistes angeht, die man erreicht, indem man sich aller weltlichen Gedanken entledigt, so wird Tannen zitiert, er halte die Konzentration von Herz und Seele auf das eigene Ziel für gleichwertig und leichter.[83]

Tsunetomo sieht als Zen-Priester diese Welt im Gegensatz zum existentialistisch-konfuzianischen Glauben als leer, ungewiß und fließend an. Die Menschen werden von ihm mit fadenlosen Marionetten gleichgesetzt, die einen flüchtigen Moment lang in leeren Träumen umherstolzieren[84] (erinnert das nicht an Shakespeare?), wo »niemand lange Freud oder Leid erfährt«. Für das augenblickliche Leben rät er: »Die Menschen sollten ihre Existenz mit dem verbringen, was sie gerne tun«, und »es ist töricht, wenn ein Mann sich zu Dingen zwingen läßt, die er nicht mag, und so ein Leben im Leiden zu verbringen.«

Tsunetomo war stolz auf seine Entschlußkraft und seinen Gefolgsdienst, der von der höchsten Form der Loyalität geprägt war, und schaute herab auf niedere Gefolgsleute, die sich nicht ihrer Bestimmung verschrieben und nur ihren Lebensunterhalt sichern wollten, später aber oft im Leiden endeten. Zurückgezogen und bescheiden als namenloser Mönch lebend war seine Seele gelegentlich von Trauer erfüllt über all die fruchtlosen Zwistigkeiten von Gefolgsleuten, die unter dem unbarmherzigen Joch der Feudalgesellschaft dienten.

Weisheit

Trotz der Hinweise, Selbstliebe und Zurückhaltung für das große Ziel aufzugeben, wird der Leser auch viele Kapitel im *Hagakure* finden, die von diskretem Verhalten sprechen. Tsunetomo verweist auf alltägliche Handlungen wie das Unterdrücken eines Gähnens, das Schweigen, um Komplikationen zu vermeiden, das Beratschlagen mit anderen oder das In-den-Spiegel-Schauen, um das eigene Aussehen zu korrigieren, das Zurechtweisen anderer, alles Dinge, die das Zusammenleben in der Gemeinschaft der Gefolgsleute verbessern sollten. Andere Geschichten voller Weisheit erzählen von einem Mann, der sich niemals Fehltritte leistete, dem eigenen Ratschlag, der wie ein einsamer Baum inmitten eines leeren Feldes steht, oder der Wahrheit, die man weit jenseits von Gerechtigkeit findet. Das *Hagakure* betont: »Nur wenn jemand sich ausreichend im Dienst geübt hat, sollte er wegwerfen, was er bis dahin erreicht hat, und zu den Grundlagen zurückkehren.« Zurückhaltung und Weisheit würden, aus dem Bewußtsein verbannt, im Unterbewußten weiterleben und im entscheidenden Augenblick eine Hilfe sein.

Die Liebe zwischen Mann und Frau

Überschattet von der kameradschaftlichen Liebe, die im Konzept der Beziehung von Fürst und Gefolgsmann eine zentrale Rolle spielt, wird der Beziehung zwischen Mann und Frau im *Hagakure* nur eine untergeordnete Rolle zugewiesen. »Eine Frau muß zuallererst ihren Ehemann für einen Fürsten halten«, so wie er seinen Fürsten über alles andere stellt. Bei all den sozialen Zwängen innerhalb der Samurai-Kaste war die Frau bedingungslos ihrem Mann unterworfen, zumindest nach außen hin. Freie, voreheliche Kontakte zwischen jungen Samurai und Mädchen wurden verurteilt, übermäßiges Zurschaustellen der Liebe zwischen einem Samurai und seiner Gattin als weichlich verhöhnt, Konkubinen gehalten, um ausreichend Nachkommen zum Erhalt der Familienlinie sicherzustellen.

So ist es nicht verwunderlich, auf grausame Geschichten im *Hagakure* zu stoßen: eine Frau, die einem Samurai, als ihr Ehemann unterwegs ist, die Benutzung des Aborts erlaubt, wird vom zurückgekehrten Gatten wegen Ehebruchs erschlagen; acht Männer und sechs Frauen, die in einer Burg dienten, wurden wegen unerlaubtem außerehelichem Geschlechtsverkehr zum Tode verurteilt; eine Frau, bei außerehelicher Liebe ertappt, wurde sofort im Bett durch einen Schwerthieb ihres Mannes getötet.

Mit Erleichterung registrieren wir, daß ein paar Abschnitte des *Hagakure* ein bißchen Licht auf die natürliche und sanfte Zuneigung zwischen Mann und Frau werfen: Ein Gefolgsmann, der mit einer Frau verheiratet wurde, die ihm später vom launenhaften Fürsten wieder weggenommen wurde, fastet aus Verzweiflung und stirbt nach übermäßigem Alkoholgenuß; ein anderer Gefolgsmann, dem geraten wird, sich von seiner Frau scheiden zu lassen, weil ihre Verwandten in ein Verbrechen verwickelt sind, lehnt das geradeheraus ab und beschützt seine Frau mit dem Risiko, den Zorn seines Fürsten auf sich zu ziehen. Dieses Verhalten, eine Leugnung der Chu-tzu-Ethik von der »Loyalität dem Fürsten gegenüber« beweist ihren Entschluß, sich selbst als menschliche Wesen treu zu bleiben, und nicht als gegängelte treue Gefolgsleute gelten zu wollen. Aus diesem Grund sollte das *Hagakure* auch nicht nur als Propagandamittel für ein ergebenes Unterordnen in eine Hierarchie verstanden werden.[85]

Tsunetomo vergißt nicht, das *Hagakure* mit ein paar geistreichen Geschichten über Samurai-Frauen zu würzen: eine Frau, die ihren furchtsamen Gatten, der von Bauern verdroschen wurde, anspornt, diese Bauern zu erschlagen und einen ehrenhaften Tod durch *seppuku* zu sterben (nach der Regel, daß beide Parteien schuldig seien), und die dann mit ihm gemeinsam Rache nimmt, mit dem Schwert in der Hand; eine Frau, die nach einem Streit ihrem Gatten das Mahl verweigert, dann aber ihm aufs Schlachtfeld nacheilt, mit einem großen Paket Essen auf den Schultern, nachdem der Gatte mit leerem Magen in die Schlacht gerufen worden war.

Der Gedanke, »den Ehegatten für einen Fürsten zu halten«, war nicht neu. Bereits das *Yamato Zokuken* von

Kaibara Ekiken (1630–1714), einem Konfuzianer aus der Yang-ming-Schule, enthält ihn in Lektionen, die Konfuzianismus, klassische japanische Lehren und die vorherrschende soziale Ordnung im allgemeinen transzendieren. Was das *Hagakure* wiederum einzigartig macht, ist Tsunetomos Forderung, daß die Frauen der Samurai, wenn die Gatten auch die Autorität behielten, den gleichen Sinn für Ehre entwickeln sollten, wie er von den Kriegern verlangt wurde, und daß sie lebendige und gefühlsbetonte Zweisamkeit aufrechterhalten sollten, die selbst durch die rigide Feudalordnung nicht zu unterdrücken wäre.

Hoher Geist

Tsunetomo sieht den idealen Samurai als »ehrfurchtsvollen Mann, streng und ruhig«, gelassen und mit fester Gesinnung. Hier und da wird der Leser im *Hagakure* jedoch überzeichnete Zeilen entdecken, die vom jungen Mann einen hohen Geist voller Taperkeit erwarten. Der Mann, der »anderen nicht seinen mächtigen und unbeugsamen Entschluß zeigen kann«, wird als nutzlos bezeichnet. Wer nicht »stolz wie Luzifer und überzeugt von seinem überragenden Mut, konkurrenzlos in ganz Japan«[86] ist, würde auf dem Schlachtfeld wie ein Feigling beiseite gefegt. Das *Hagakure*, das herabsieht auf »einen Mann mit zu starrem Herzen, der alles mit Aufrichtigkeit und Ehrlichkeit betrachtet«, legt jungen Männern nahe, »spielen zu gehen und einen Haufen Lügen zu erzählen«, um ihren Geist gemäß der Kriegsära hochzuhalten. Den Höhepunkt der Wildheit bildet wohl die Feststellung:

»Wenn deine Schulter verletzt ist, kannst du immer noch zehn bis fünfzehn Köpfe deiner Feinde mit deinem Mund abbeißen.«

Mit hilfe zahlreicher Geschichten über Gefolgsleute, die mutig *seppuku* begehen, sucht Tsunetomo weiter nach mutigen Samurai, die »mit Vergnügen aufspringen und in konzentriertem Geist mit einer Katastrophe fertig werden würden, wenn sie mit ihr konfrontiert wären« und in gewöhnlichen Zeiten durch ihren starken Willen auch andere zu bewegen vermochten. Der »strenge und ruhige Mann« sollte seine Mitmenschen davon abhalten, ihm zu schaden oder ihn irgendeiner Schmach auszusetzen, und in Zeiten der Not sollte er wie ein rasender Dämon explodieren können.

Das Hagakure heute

Nach dem Zweiten Weltkrieg kam das *Hagakure* besonders durch den international renommierten Autor Yukio Mishima wieder ins Gespräch, der behauptete, sein Leben danach auszurichten. Er beendete es mit den Worten: »Das größte Unglück für einen Mann der Tat ist es, nach dem Abschluß des letzten Kapitels seiner Anstrengungen beim Sterben zu versagen.«[87]

Anders als japanische Klassiker wie das *Tsurezuregusa* und das *Genji Monogatari* wurde der Geist des *Hagakure* im Lauf der Zeit unterschiedlich interpretiert. Yoshida Shôin, Takasugi Shinsaku und viele andere revolutionäre Samurai, die die Meiji-Restauration von 1868 auslösten, wurden als Helden betrachtet, die das »entschlossene

Handeln am Rande des Wahnsinns« vollzogen hatten, wie es das *Hagakure* formuliert. Als Japan zunehmend verwestlichte, verdammte Marquis Ôkuma, der aus der Provinz Saga stammte, sogar das *Hagakure* als Propagandamittel isolierter, feudalistischer Ideen. Während des Zweiten Weltkriegs wurde dann die Theorie des Sterbens zum Vorteil des Militärs benutzt, das junge Piloten und Soldaten in den sicheren Tod schickte.

Nach dem Krieg wurde das Buch wiederentdeckt und häufig in japanischen Medien zitiert. Seine Auslegung veränderte sich mit den sozialen Gegebenheiten. Doch ohne Zweifel wird ein Mensch, der die Gedanken des *Hagakure* bezüglich des Todes, der Selbstbehauptung, des mutigen Handelns und der starken Persönlichkeit einmal kennengelernt hat, sie nie wieder gänzlich vergessen können.[88]

Takao Mukoh

Anmerkungen

1 Ein Clan-Ratgeber.
2 Das Haus befand sich im Clans-Besitz.
3 Nakano Toshiakira, Minister eines Clans. Kazuma war sein Name als Kind.
4 Nach fünfundzwanzig Tagen wurde der Deckel eines Fasses mit Sojabohnenpaste oder eingesalzenem Rettich geöffnet.
5 Der Tod durch *seppuku* war ehrenhafter als die Enthauptung mit auf dem Rücken zusammengebunden Händen, die bei großen Vergehen angeordnet wurde.
6 Einer der bekanntesten Kriegsgötter ist Hachimantarô Yoshiie, ein heiliger Kriegsfürst, in dessen Namen Gelöbnisse abgelegt wurden.
7 Gemäß dem Mondkalender.
8 dito.
9 Der Kurat (Hilfsgeistliche) des Ryutaiji-Tempels.
10 Yamamoto Tsunetomo war auch in dieser Gruppe.
11 Tanka eines unbekannten Autors im *Gosen Shû* (Nr. 726) mit der Einleitung: »Ein Mann, der fortdauernd heimlich eine Frau besuchte, die bei ihren Eltern lebte, sagte: ›Nun, eine Zeitlang wird niemand etwas davon mitbekommen.‹ [Darauf antwortete die Frau mit einem Gedicht].« Zur Edo-Zeit wurde das Gedicht als erzieherisch verstanden, etwa im Sinne von: Ein Edelmann betrachtet sich selbst und verbessert sein Fehlverhalten.
12 Ittei oder Ishida Yasubô Nobuyuki (1629–1693) war ein konfuzianischer Gelehrter und Berater des Nabeshima Mitsushige. Im Alter von dreiunddreißig Jahren wurde er aufgrund eines Vorfalles unter Hausarrest gestellt und erst sieben Jahre später begnadigt. Den Rest seines Lebens verbrachte er im Ruhestand mit dem Schreiben von Büchern. Sein Einfluß auf Tsunetomo gilt als erheblich.
13 Spielt auf den Ausspruch des Konfuzius an: »Mit fünfzehn Jahren entschloß ich mich, ein vollkommener Gelehrter zu werden; mit dreißig

habe ich mich etabliert; mit vierzig hörte ich auf, verwirrt zu sein; mit fünfzig begriff ich das Prinzip des Himmels; mit sechzig folgte ich meinem Ohr; mit siebzig folgte ich dem Wunsch meines Herzens, überschritt aber nie die Grenzen des Anstands.«

14 Minamoto-no Yoshitsune (1159–1189), der populärste, mutigste und unglücklichste General in Japans Geschichte.

15 Schwertkämpfe unter Gefolgsleuten wurden nach der Regel abgeurteilt, daß alle Beteiligten schuld seien. Wenn zwei Gefolgsleute das Schwert zogen, wurden beide unabhängig von ihren Motiven zum Tode verurteilt.

16 Gefolgsleute haben häufig ihre Posten und ihren Lohn wegen ernsthafter Vergehen verloren, wurden jedoch nicht aus dem Clan entfernt und später wieder angestellt. In den meisten Clans bedeutete jedoch der Verlust des Gefolgsstatus eine endgültige Deportation.

17 Im polytheistischen Japan soll es acht Millionen Götter gegeben haben.

18 Der Vater von Yamamoto Tsunetomo.

19 Epische Darstellungen vom Aufstieg und Fall des Heike-Clans wurden von reisenden, blinden Sängern zur japanischen Laute vorgetragen.

20 Nabeshima Naoshige, der Gründer des Nabeshima-Clans von Saga.

21 Edayoshi Riemon hatte Jahre zuvor die Glaswand, die Fürst Katsushige geschenkt worden war, zerbrochen und wollte deshalb *seppuku* begehen. Uneme schritt ein und gewann Katsushiges Vergebung. Unendlich dankbar schenkte Riemon später Uneme einen scharlachroten Teppich, damit dieser darauf *seppuku* begehen konnte.

22 Ein Sekundant oder Freund des Samurai schlug diesem nach dem *seppuku* normalerweise den Kopf ab.

23 Ryuzouji Takanobu (1529–1584) unterwarf das ganze Land Hizen. Seine Mutter heiratete später den Vater von Nabeshima Naoshige.

24 Nakano Matabei Masayoshi war ein Onkel Yamamoto Tsunetomos.

25 Der Christenaufstand bei Shimabara brach 1637 aus.

26 Er muß eigentlich zwanzig Jahre oder jünger gewesen sein, da früher anders gezählt wurde.

27 Das heutige Takeo (Stadt) in der Präfektur Saga.

28 Nakano Takumi Shigetoshi, Matabeis Schwager.

29 Wasser, in dem Reis gewaschen und fürs Kochen vorbereitet wurde, konnte Dutzenden von Haushaltstätigkeiten zugeführt werden, zum Beispiel Gartenarbeiten, der Gesichtspflege, der Hausreinigung oder eben medizinischen Zwecken.

30 Ein Bergmönch des esoterischen Buddhismus, der mit einem Schwert und einem Stock bewaffnet ist.

31 Taku Mimasaka-no-kami Shigetatsu, der Fürst des Taku-Bezirks des Saga-Clans.
32 Der Familientempel des Nabeshima-Clans, der Sôtô-Sekte des Zen-Buddhismus zugehörig. Als höchstrangiger Tempel der Sekte innerhalb des Saga-Lehnswesens regierte er über alle anderen Sôtô-Tempel außerhalb der Rechtsprechung des lokalen Herrschers.
33 Der Oberpriester des Tempels, ein Zen-Mönch von profundem Wissen und Charakter, der starken Einfluß auf die folgenden Fürsten des Saga-Clans hatte.
34 Das heutige Tosu, das nahe der Clansgrenze zur Nachbarprovinz Chikuzen lag (der heutigen Präfektur Fukuoka).
35 *koku*, die Maßeinheit für den jährlichen Lebensunterhalt in Reis(büscheln), wurden nur beschränkt zugeteilt, wenn die wirtschaftliche Situation des Clans das erforderte. Ein *koku* sind ca. fünf Scheffel Reis, ein Scheffel 36,37 Liter.
36 Er wäre andernfalls vom Fürsten nach der Regel, daß beide Parteien zu bestrafen seien, die einen Schwertkampf anzetteln, zum *seppuku* verurteilt worden.
37 Nabeshima Katsushige, der erste Fürst des Nabeshima-Clans (1580–1657).
38 Das steinerne oder hölzerne Tor eines Shinto-Schreines.
39 Nabeshima Mitsushiges Herrschaft begann 1657.
40 Der Fürst des Nakamura-Lehnswesens in der heutigen Präfektur Ibaragi.
41 *marokashi* bedeutet Rolle. Die Bedeutung von *chiken* ist nicht klar.
42 Die »Wandlung« im Chinesischen ist als »Wahrsagen« im Japanischen bekannt.
43 1628 befahl Tokugawa Ieyasu dem Nabeshima-Clan, Tachibana Muneshige anzugreifen, den Fürsten der Yanagawa-Burg.
44 Katô Kiyomasa und Kuroda Josui, entsandt von Tokugawa Ieyasu.
45 Shingen kämpfte um die Herrschaft über ganz Japan (1521–1573) und lag dabei im ständigen Clinch mit Tokugawa Ieyasu (1542–1616).
46 Weist auf die neunzehn Lektionen hin, die von Yamamoto Tsunetomos Vater erteilt wurden.
47 Wenn jemand in einer Schlacht getötet wurde, schnitt ihm der Feind den Kopf ab, damit dieser Anzahl und Identität der getöteten Gegner feststellen und ggfs. Belohnungen in Anspruch nehmen konnte.
48 Ein Meisterschmied aus Saga.
49 Weil der Ausdruck *Samurai* den Lesern vertrauter ist als *Bushi*, wird hier ersterer verwendet. *Bushi* würde nicht nur den Gefolgsmann, son-

dern auch den *Daimyô* oder Feudalfürsten einschließen. Das Wort *Samurai* wurde ab dem zehnten Jahrhundert für den militärischen Gefolgsmann gebraucht, im zwölften Jahrhundert dann von der Kamakura-Regierung als offizielle Bezeichnung der Kriegsabteilung *(samurai-dokoro,* wörtlich: Ort der militärischen Gefolgsmänner) eingeführt.

50 ca. 1283–1352, auch unter dem Namen Urabe Kenkô bekannt, Verfasser von Lyrik und Prosa. Sein berühmtestes Werk ist *Tsurezuregusa,* das um 1330 verfaßt wurde.

51 Statthalter, Gouverneure

52 Eine Art Überwurf, wie sie heute noch beim Ausüben der japanischen Kampfkünste verwendet wird; wurde über dem Kimono als zeremonielle Kleidung getragen.

53 Wie Jûdô, Weg der Sanftheit.

54 Ein *koku* sind ca. fünf Scheffel Reis, ein Scheffel 36,37 Liter.

55 Erzählendes Rezitieren in dramatischer Form zu Shamisen-Musik; erlebte seine Blütezeit in der Edo-Zeit (1600–1868).

56 Yokkaichi, Kuwana, Awazu: die Fähren der beiden erstgenannten Orte setzten aus dem Süden kommende Reisende in Richtung Atsuta (Nagoya) über, die letztere verkehrte am Biwa-See.

57 Yabase war Fähr-Ablegestelle zum Durchqueren des Biwa-Sees für Reisende aus dem Norden; um die Seta-Brücke zu überschreiten, mußte man sich weiter in südliche Richtung begeben.

58 Dünne Sommerkleidung.

59 Knappe.

60 Wattiertes Seidengewand.

61 Zeremonielle Tracht der Samurai in der Tokugawa-Periode.

62 Musikinstrument, das einer Laute ähnelt.

63 Jap. Saiteninstrument.

64 Auch *Haiku,* siebzehnsilbiges Gedicht.

65 Teezeremonie.

66 Die vollständigen Textpassagen zu den *Hagakure*-Zitaten in dieser Einleitung finden sich fast alle im ersten Band, der ebenfalls im Piper Verlag erschienen ist.

67 Naramoto Tatsuya (Hg.), *Hagakure* (Tokyo: Iwanami Shoten, 1974; 6thed.), S. 8f., S. 41

68 Morikawa Tetsurô, *Nihon Bushidôshi* (Tokyo: Nihon Bungeisha, 1972), S. 68–70.

69 Mishima Yukio, *Hagakure Nyûmon* (Tokyo: Kôbunsha, 1967), S. 96.

70 Siehe die Zeittafel in diesem Buch.

71 Das *Hagakure* ist auch bekannt als *Nabeshima Rongo* (Analekten

des Nabeshima-Clans), als Gegenentwurf zu den *Analekten* des Konfuzius.
[72] Naramoto, S. 26 f.
[73] Ienaga Saburo, *Nippon Bunkashi* (Tokyo: Iwanami Shoten, 1959), S. 116 und 176.
[74] Furukawa Tesshi, »The Individual in Japanese Ethics«, in: *The Japanese Mind*, hg. v. Charles A. Moore (Tokyo: Charles E. Tuttle Company, 1973), S. 234. Furukawa betont, daß das signifikant Gute im Hagakure die Aufgabe des eigenen Lebens zugunsten des Fürsten sei.
[75] »Hoffnung auf höheren Lohn ermutigt Krieger in einer aussichtsreichen Schlacht, doch in einer verlustreichen sind nur die von Nutzen, die der Fürst zuvor mit ein, zwei wohlwollenden Worten bedacht hat.« (Band 6)
[76] Yamaga Sokô, *Yamaga Gorui*, Band 15.
[77] Viele Gelehrte übersehen den Faktor Selbstbehauptung und glorifizieren das Selbstopfer als wesentlichen Geist der Samurai. Ob ein Samurai aber Gefolgsmann war oder nicht, die grundlegende Ethik von Ehre und Kameradschaft verpflichtete ihn stark. Im *Hagakure* wird ein Vasall in der Regel *hôkônin, kerai, hikan, Nabeshima-Samurai* und so weiter genannt, während die allgemeineren Ausdrücke für einen Angehörigen der Samurai-Klasse (der nicht im Gefolgsdienst stehen mußte) *shi, bushi, samurai* lauten.
[78] Eine durchaus fragwürdige Ansicht [der dt. Übersetzer].
[79] Naramoto, S. 38. Für Professor Naramoto gleicht Ôtomos »alltäglicher Sinn für den Tod« dem von Tsunetomo [eine Ansicht, die Takao Mukoh nicht teilt].
[80] Sagara Wataru u. a., *Mikawa Monogatari; Hagakure* (Tokyo: Iwanami Shoten, 1974), S. 74.
[81] Yamaga, Vol. 15 und 13. Der Praxis des *oibara* haftete der Makel des Eigeninteresses an, ihre Anhänger erhofften sich oft eigenen Ruhm oder Sicherheit für die Erben. Von anderen wurde sie verspottet als *kobara* (*seppuku* zum Wohle des eigenen Sohnes) oder *rokubara* (*seppuku* zum Nutzen des Familienunterhalts). Das *oibara* im *Hagakure* ist frei von solchem Eigennutz.
[82] Suzuki Daisetsu, *Zen Buddhism and Its Influence on Japanese Culture* (Tokyo: Iwanami Shoten, 1954), S. 36.
[83] Ruth Benedict, *The Chrysanthemum and the Sword* (Tokyo: Charles E. Tuttle, 1954), S. 240.
[84] An einer Stelle im *Hagakure* (Piper Verlag, München 2000, Band 1) heißt es: »Die Menschen in dieser Welt sind alle Puppen, die von den

85 Takao Mukoh bestätigte mir aus Anlaß dieses Bandes noch einmal, daß das *Hagakure* durchaus Widersprüche in sich birgt und stellenweise sogar »seinen eigenen Geist verrät«. An anderem Ort verwies ich einmal darauf, daß es auch Passagen darin gibt, die heute in unserem Kulturkreis nur noch für Kopfschütteln sorgen dürften, z. B. der Rat, jedes nach der ersten Tochter geborene Mädchen als überflüssig gleich zu töten [der dt. Übersetzer].

Händen des Himmels manipuliert werden. Darum nennt man dieses Leben auch einen ›leeren Traum.‹«

86 »Die Dinge liegen anders bei Kriegern. Solange ein Samurai nicht stolz wie Luzifer und von seinem unermeßlichen, in ganz Japan beispiellosen Mut überzeugt ist, kann man nicht erwarten, daß er sich durch Tapferkeit auf dem Schlachtfeld auszeichnet. Der Mut in der Schlacht hängt vom Ausmaß des Kampfgeistes ab.« (Piper Verlag, München 2000, Band 1).

87 Mishima, S. 23.

88 [Das bestätigen auch all die Leser, die zur Jahrtausendwende insbesondere mittels des Jim Jarmusch-Filmes *Ghost Dog* auf das Werk aufmerksam wurden. Schon das Zitieren der Texte durch den Protagonisten des Filmes genügte, um einen *Run* auf Buchläden auszulösen. Selbst der zuvor im Westen praktisch unbekannte japanische Titel des Buches konnte das nicht verhindern. Noch im Kinosaal durfte man immer wieder erleben, wie vor allem Frauen fasziniert die vorgelesenen Textauszüge kommentierten. *Der dt. Übersetzer]*

Zeittafel

Jahr	Shôgun	Ereignisse in Gesamtjapan
1587	Toyotomi Hideyoshi	Toyotomi Hideyoshi unterwirft die gesamte Insel. Hideyoshi Kyushu läßt ausländische Missionare deportieren.
1592		Hideyoshi befiehlt Korea-Expedition.
1598		Hideyoshi stirbt. Die Expedition kehrt aus Korea zurück.
1600		Die Schlacht von Sekigahara bricht aus.
1602	Tokugawa Ieyasu	
1605	Tokugawa Hidetada	
1608		Tokugawa Ieyasu zieht zur Suruga-Burg.
1611		Der Bau der Edo-Burg beginnt.
1614		Winterfeldzug gegen die Ôsaka-Burg
1615		Sommerfeldzug gegen die Ôsaka-Burg

Jahr	Fürst von Saga	Ereignisse in der Provinz Saga
1587	Ryûzôji Masaie	Ryûzôji Masaies Herrschaft über die Provinz Hizen (357 000 *koku*) wird offiziell von Hideyoshi bestätigt.
1590	Nabeshima Naoshige	Masaie setzt sich auf Geheiß Hideyoshis zur Ruhe und übergibt die Herrschaft in Saga seinem Verwandten, General Naoshige.
1592		Naoshige führt die Expedition nach Korea und feiert Erfolge in einigen Schlachten.
1597		Naoshige kämpft wieder in Korea, mit seinem Sohn Katsushige.
1598		Naoshige kehrt nach Hideyoshis Tod aus Korea zurück.
1600		Naoshige, zuerst im Lager der Toyotomi, wechselt über zu den Tokugawa. Sein Sieg über Tachibana Muneshige bringt ihm die Bestätigung seines Clans durch Tokugawa Ieyasu.
1607	Nabeshima Katsushige	Ryûzôjis Linie stirbt aus. Katsushige erhält das Ryûzôji-Gebiet.
1610		Der Kajima-Clan (20 000 *koku*) wird für Tadashige, Katsushiges jüngeren Bruder, gegründet.
1611		Der Saga-Clan wird zum Bau der Edo-Burg herangezogen.
1614		Katsushige kämpft beim Winterfeldzug.
1615		Der Saga-Clan wird zur Rekonstruktion der Ôsaka-Burg herangezogen.
1617		Der Ogi-Clan (73 200 *koku*) wird für Motoshige gegründet, Katsushiges ältesten Sohn.

Jahr	Shôgun	Ereignisse in Gesamtjapan
1620		Date Masamunes Mission nach Europa kehrt nach sieben Jahren Reisezeit zurück.
1623	Tokugawa Iemitsu	Britische Niederlassungen in Hirado werden geschlossen.
1633		Das Shogunat untersagt alle ungenehmigten Übersee-Reisen.
1635		Das Shogunat untersagt sämtliche Reisen ins und aus dem Land.
1637		In Shimabara und Amakusa bricht ein Christenaufstand aus.
1638		Der Aufstand ist unter Kontrolle.
1639		Das Shogunat verbietet portugiesischen Schiffen das Anlegen in Japan.
1641		Die holländische Fabrik zieht von Hirado nach Nagasaki um.
1642		Das Shogunat verbietet den Handel mit jungen Mädchen.

Jahr	Fürst von Saga	Ereignisse in der Provinz Saga
1618		Naoshige stirbt. Dreizehn Gefolgsleute folgen ihm durch *seppuku* in den Tod. Motoshige wird seine Meisterschaft in der Yagyû Shinkage-Schwertschule bestätigt.
1619		Der Saga-Clan wird zum Bau der Edo-Burg bestellt.
1628		Der Saga-Clan wird zur Restauration der Ôsaka-Burg bestellt.
1629		Naoshiges Frau Yôtai-in stirbt, gefolgt von ihren acht Gefolgsleuten. Tadanao, Katsushiges zweiter Sohn, stirbt, gefolgt von fünf Gefolgsleuten. Der Hasuike-Clan (52 600 *koku*) wird für Naosumi, Katsushiges fünften Sohn, gegründet.
1637		Naosumi verläßt Edo, um die Armee von Saga (30 000 Männer) zu befehligen und den Christenaufstand niederzuwerfen.
1638		Katsushige dringt mit seiner Armee in die Hara-Burg ein und erhält wegen Befehlsmißachtung Hausarrest.
1639		Ein Teil der Ariake-Bucht wird zurückgefordert (30 000 *koku*).
1642		Katsushige wird vom Shogunat zum Aufseher von Nagasaki ernannt.
1644		Katsushige erläßt zehn Prozent der Grundbesitzsteuer aufgrund einer Hungersnot.
1648		Mitsushige, ein Enkel von Katsushige, empfängt die *toga virilis*.
1651	Tokugawa Ietsuma	

Jahr	Shôgun	Ereignisse in Gesamtjapan
1657		Tokugawa Mitsukuni veröffentlicht sein Buch *Geschichte des Großen Japan*
1662–1682		Erdbeben und verzehrende Feuer in Edo und Kyôto.
1667		Das Shogunat entsendet Inspektoren.
1680	Tokugawa Tsunayoshi	
1681		Der neue Shôgun entsendet Inspektoren.
1683		Mitsui eröffnet ein Geldtauschgeschäft in Edo.
1686		Das Shogunat läßt drei Oberaufseher Nagasaki regieren, darunter ist der Nabeshima-Fürst.
1687		Das Shogunat verkündet das *Dekret zur rücksichtsvollen Behandlung von Tieren.*

Jahr	Fürst von Saga	Ereignisse in der Provinz Saga
1657	Nabeshima Mitsushige	Katushige setzt sich zur Ruhe, Mitsushige übernimmt. Bald darauf stirbt Katsushige, gefolgt von seinen sechsunddreißig Vasallen.
1659		Yamamoto Tsunetomos Geburt. Neue Stellen mit jungen Verantwortlichen, die dem Rat der Alten unterstehen, werden geschaffen.
1661		Mitsushige baut sein Gebäude *Kôyôken*. Er verbietet das traditionelle *seppuku*, mit dem Vasallen ihrem Fürsten in den Tod folgten.
1667		Tsunetomo dient Mitsushige als Junior-Knappe (mit acht Jahren).
1672		Tsunetomo wird zu Mitsushiges persönlichem Knappen.
1673		Britisches Schiff erreicht Nagasaki. Der Saga-Clan verstärkt seine Verteidigung.
1678		Tsunetomo empfängt die *toga virilis* und wird Poesie-Berater Mitsushiges.
1679		Tsunetomos Studium des Zen wird vom Zen-Mönch Tannen gewürdigt. Tashiro Tsuramotos Geburt.
1678–1680		Streit zwischen dem Haupt- und drei Nebenclans wächst.
1682		Tsunetomo heiratet.
1686		Tsunetomo wird Beamter in Edo und später in Kyôto.
1687		Tsunetomo wird zeitweilig vom Dienst als persönlicher Gehilfe des Fürsten suspendiert, eine Folge des *seppuku* seines Neffen, der damit auf ein großes Feuer in der Stadt Saga im Jahre 1686 reagierte.

Jahr	Shôgun	Ereignisse in Gesamtjapan
1699		Das Shogunat erhöht die Anzahl der Oberaufseher in Nagasaki auf vier. Das Shogunat verordnet Sparsamkeit im Palast.
1700		Das Shogunat beschränkt das Anlaufen von chinesischen und holländischen Schiffen auf acht beziehungsweise fünf.
1701		Asano Naganori, der Fürst von Akô, schneidet Kira Yoshinaka in der Edo-Burg in die Stirn.
1702		Die Rache der siebenundvierzig Rônin von Akô.
1703		Die siebenundvierzig Rônin werden zum Tod durch *seppuku* verurteilt.
1709	Tokugawa Ienobu	Das Shogunat nimmt Arai Hakuseki Ienob einen gefeierten Konfuzianer, in den Dienst auf.

Jahr	Fürst von Saga	Ereignisse in der Provinz Saga
1691		Tsunetomo erhält von Mitsushige die Erlaubnis, den Namen seines verstorbenen Vaters Jin'uemon anzunehmen.
1695	Nabeshima Tsunashige	Mitsushige setzt sich zur Ruhe. Sein Sohn Tsunashige übernimmt den Clan.
1696		Tsunetomo wird in Kyôto aufgetragen, das *Kokindenju*, eine ketzerische Schrift über Poesie, von einem bekannten Adligen verfaßt, zu beschaffen. Tsuramoto wird zum Sekretär von Tsunashige ernannt.
1699		Vier Beamtenfamilien wird ein Status wie dem der Verwandten des Fürsten verliehen. Tsunetomos Lohn wird wegen seines zähen Einsatzes auf hundertfünfundzwanzig *koku* erhöht.
1700		Mitsushige stirbt. Tsunetomo wird erlaubt, Priester zu werden. Er läßt sich in Kurotsuchibara nieder. Der »Nagasaki-Streit«, zwölf Vasallen begehen *seppuku*.
1702		Tsunetomo adoptiert Tominaga Tsunetoshi (später: Gonnojô) als Sohn.
1705		Tsuramoto wird offiziell Gefolgsmann.
1706		Nabeshima Tsunashige stirbt.
1707		Yoshishige übernimmt den Clan.
1708		Konfuzianischer Tempel im Distrikt Taku vollendet. Tsunetomo schreibt *Meine bescheidenen Ansichten* für seinen Adoptivsohn.
1709		Tsuramoto wird von seinem Posten als persönlicher Gehilfe des Fürsten entbunden.

Jahr	Shôgun	Ereignisse in Gesamtjapan
1710		Das *Dekret zum rücksichtsvollen Umgang mit Tieren* wird abgeschafft. Das Shogunat entsendet Inspektoren und überarbeitet den Disziplinarcode für Samurai.
1713	Tokugawa Ietsug	
1715		Außenhandel in Nagasaki weiter eingeschränkt.
1716	Tokugawa Yshimune	Der neue Shôgun entläßt Arai Hakuseki.

Jahr	Fürst von Saga	Ereignisse in der Provinz Saga
1710		Tsuramoto stattet Tsunetomos Klause einen Besuch ab. Das Diktat des *Hagakure* beginnt.
1713		Eine Flut überschwemmt Saga.
1714		Tsunetomo schreibt Notizen zur mentalen Erziehung von Nabeshima Muneshige, dem späteren fünften Fürsten von Saga.
1715		Tsunetomo schreibt die Abschiedsworte für seinen Adoptivsohn Gonnojô.
1716		Tsunetomo und Tsuramoto beenden das *Hagakure*.
1719		Tsunetomo stirbt mit sechzig Jahren.

Tsunetomo Yamamoto

Hagakure
*Der Weg des Samurai.
Aus dem Englischen
von Guido Keller.
144 Seiten. SP 3281*

Im Zentrum des jüngsten Films von Jim Jarmusch, »Ghost Dog«, steht »Hagakure«, der einzigartige Ehrenkodex für Samurais aus dem alten Japan. Durchsetzungsfähigkeit und Integrität, Entschlossenheit und Mitgefühl, Mut und Loyalität – so lauten die Schlüsseltugenden. Das »Hagakure« ist ein spiritueller Leitfaden für den beruflichen und privaten Erfolg auch in der heutigen Welt.

»Die Anfang des 18. Jahrhunderts aufgezeichneten Lektionen, Regeln und Erzählungen des japanischen Samurai Tsunemoto Yamamoto stellen einen höchst gelassenen Gegenentwurf zu den derzeit beliebten Ratgebern und Seminaren zum Umgang mit Macht und Karriere dar.«
Der Standard

Sun Tsu (Sunzi)

Wahrhaft siegt, wer nicht kämpft
*Die Kunst des Krieges.
Herausgegeben von Thomas Cleary. Aus dem Amerikanischen von Ingrid Fischer-Schreiber.
224 Seiten. SP 3330*

Zu gewinnen, ohne zu kämpfen, das ist das Ideal dieses 2500 Jahre alten chinesischen Klassikers über die Kunst des Krieges. Die Strategeme des chinesischen Meisters Sun Tsu (Sunzi) lassen sich in allen Lebenslagen anwenden. Eine unerschöpfliche Inspirationsquelle für die Durchsetzung bei Konflikten und im Umgang mit Entscheidungen.

»Wenn du die anderen und dich selbst kennst, wirst du auch in hundert Schlachten nicht in Gefahr schweben; wenn du die anderen nicht kennst und dich selbst nicht kennst, dann wirst du in jeder einzelnen Schlacht in Gefahr sein.«
Sun Tsu

SERIE PIPER